Ulrike Zöllner

Dem eigenen Leben Gestalt geben

Wie man Lebensphasen erkennt und damit umgehen kann, um zu einem erfüllten Leben zu gelangen

Kreuz

Ich lebe mein Leben in wachsenden Ringen,
die sich über die Dinge ziehn.
Ich werde den letzten vielleicht nicht vollbringen,
aber versuchen will ich ihn.

Rainer Maria Rilke, 1875 – 1926

Inhaltsverzeichnis

Vorwort

Auf vielerlei Weg und Weise kam ich zu meiner Wahrheit, nicht auf einer Leiter stieg ich zur Höhe, wo mein Auge in meine Ferne schweift.
Und ungern nur fragte ich stets nach Wegen, – das ging mir immer wider den Geschmack! Lieber fragte und versuchte ich die Wege selber.
Ein Versuchen und Fragen war all mein Gehen: – und wahrlich, auch antworten muß man lernen auf solches Fragen! Das aber – ist mein Geschmack:
– kein guter, kein schlechter, aber mein Geschmack, dessen ich weder Scham noch Hehl mehr habe.
Das – ist nun mein Weg, – Wo ist der Eure? So antworte ich denen, welche mich "nach dem Wege" fragten.
Den Weg nämlich – den gibt es nicht!

(Friedrich Nietzsche, Also sprach Zarathustra, 1883/85)

Auch wir sind unterwegs; einige freiwillig auf der selbstgewählten Suche nach ihrer persönlichen Antwort auf die Aufgabe ihrer Lebensgestaltung und Sinnfindung; viele aber, wohl die meisten, mußten sich auf diesen Weg begeben, weil ihnen die alten Pfade der Lebensbewältigung zu ausgetreten, zu nichtssagend, zu wenig tragfähig erscheinen, weil sie den alten Autoritäten mißtrauen oder auf deren Wegen keine gesellschaftliche Akzeptanz erfahren. Im Zuge der Individualisierung von gesellschaftlichen Strukturen und Weltanschauungen treten die übergreifenden normativen Orientierungssysteme in ihren Leitfunktionen in den Hintergrund. Wir erleben in unserer Gesellschaft heute eine ganz neue Fülle an Lebensmöglichkeiten; ganz unterschiedliche Lebensentwürfe und -muster sind möglich geworden und werden toleriert. Aus dieser Freiheit zur Selbstbestimmung resultiert aber zugleich auch ein Zwang zur eigenen Normen- und Sinnfindung. Nicht nur gilt es, seine eigene Lebensform zu finden, ein eigenes Denk- und Handlungssystem herauszubilden; die Fülle der alternativen Modelle stellt das eigene auch immer zugleich wieder in Frage. Nicht mehr getragen von einem größeren Konsens, sind wir auf uns selbst zurückgeworfen und dem Druck ausgesetzt, eigene Entscheidungen fortwährend vor uns wie vor anderen begründen und verteidigen zu müssen. Lebensgestaltung ist zur Aufgabe geworden.

Unterwegs auf der Suche nach ihrem Weg, fallen deshalb immer mehr Menschen in existentielle Krisen, leiden unter einem entfremdeten, sinnentleerten Dasein, fühlen sich als Spielball äußerer Kräfte und Zufälle oder füllen ihr Lebens- und Deutungsmanko auf mit Denksystemen, die einfache Lösungen und konkrete Handlungsanweisungen, den Weg und das Ziel als unantastbare Wahrheit auf ihr Panier geschrieben haben.

Zur Instinktverarmung – nicht mehr zu wissen, was man muß – und zum Traditionsverlust – nicht mehr zu wissen, was man soll – gesellt sich bei vielen Menschen als Überforderungssymptom der Sinnverlust – nicht zu wissen, was man will in diesem und mit diesem Leben.

Aber: *Den* Weg gibt es nicht. Ein Programm, wie immer es lauten mag, kann eine Sinn- und Gestaltungsleere nur oberflächlich verdecken, Daseinsbewältigung muß mehr beinhalten als unkritische Anpassung an Ideologien oder konsumorientierte Übernahme von Fall-zu-Fall-Lösungen. Wechselnde, den jeweiligen äußeren Gegebenheiten angepaßte Daseinsdeutungen und Lebensformen – das Patchwork-Leben für die Patchwork-Identität – mögen erfolgreiche Kurzzeitstrategien sein, können aber die Grundfragen nicht dauerhaft befriedigend beantworten. Was, woher, wohin, wozu und warum – die Antworten darauf sind die Basis einer persönlichen Lebensgestaltung. Die geistige Geborgenheit in einer subjektiv getragenen Weltdeutung, das bewußte Sich-Erfahren im Prozeß des Lebens und Werdens sind die Voraussetzungen zum Finden des je eigenen Weges.

Wer aber kann von sich sagen, ein Zarathustra zu sein, der seinen Weg alleine im Labyrinth der Irrwege findet, der »seinen Geschmack« auch ohne Fragen entdeckt? Wir wollen und müssen fragen und lernen, um der Aufgabe gerecht zu werden, dieses Leben, in das wir nun einmal gestellt sind und das wir nicht einfach mehr so fraglos leben können, zu gestalten. Wir wollen nicht der Sklave, sondern der Held des eigenen Lebens sein, wie es David Copperfield an den Anfang seiner Lebensbeschreibung stellt. Hilfreich ist dabei das Wissen, daß wir in dieser Aufgabe nicht alleine stehen.

Die Entwicklungspsychologie des Erwachsenenalters – und davon handelt dieses Buch – zeigt Erlebnisweisen, Konstellationen und Befindlichkeiten auf, die viele von uns in ihrem eigenen Lebenslauf erfahren konnten, auf die wir uns zukünftig einstellen können, die wir antizipierend vorwegnehmen können, die wir gedanklich vorbereitend bearbeiten können. Die Entwicklungslinien und -aufgaben in den verschiedenen Lebensaltern sind eine weitere Basis zur Bearbeitung und Annahme des eigenen Lebenslaufs, neben den je individuellen Voraussetzungen, Gegebenheiten und Lösungen. Hilfreich ist das Wissen um diese Entwicklungen auch deshalb, weil es zu einem neuen, förderlichen Verständnis von Krisen und Veränderungen beiträgt: Was mir jetzt und hier passiert, erfahren auch andere, ist nicht mein Versagen, meine Schuld, mein Versäumnis – es ist menschlich, es ist Teil unser aller Leben, und es ist positiv, weil es etwas auslöst und bewirkt.

Dabei soll das Buch helfen: durch die Auseinandersetzung

mit den großen Leitthemen im menschlichen Reifeprozeß Anstöße für die eigene Lebensgestaltung zu gewinnen.

Wir sind gewohnt, Lebensprobleme als logistische Herausforderungen zu betrachten: Welche Interventionsstrategien führen mit geringstem Aufwand am schnellsten zum effizientesten Ergebnis? Denn: Probleme sind da, um gelöst zu werden! Nicht immer muß sofort und vollständig gelöst, bereinigt und geklärt werden; vielleicht sind einige Probleme auch dazu da, um gelebt, erfahren und ausgehalten zu werden, damit man an ihnen reifen und neue Formen der Konfliktbewältigung entwickeln kann. Können wir – ohne sofort in Aktionismus zu verfallen – Konstellationen einfach einmal hinnehmen und aushalten? Dann werden wir erleben, daß es auch eine Konfliktlösung in der Zeit gibt: Gras wächst auch über seelische Wunden, denn die Zeit ist kein schlechter Arzt.

Auch hierbei soll das Buch helfen: indem es Wandel und Wechsel, Abschied und Neubeginn im Lebenslauf thematisiert und Mut macht zum »langen Atem« und zum Vertrauen in die eigenen Entwicklungspotenzen.

In der Vorbereitung für dieses Buch habe ich mit über 40 Frauen und Männern unterschiedlichen Alters über ihre Entwicklung gesprochen. Sie haben ihre Leitthemen formuliert, ihre Konflikte und Herausforderungen, ihre Hoffnungen und Wünsche und auch ihre Deutungen von Leben und Älterwerden. Ihre konkrete Lebenserfahrung hat plastisch werden lassen, was Werden und Sein im menschlichen Entwicklungsverlauf beinhaltet.

Ich danke all diesen Menschen, die sich mir vertrauensvoll geöffnet haben, mich – und über mich die Leserinnen und Leser – teilhaben ließen an ihrem Werdegang. Wie sie zum »Held ihres Lebens« geworden sind, ist mir Beispiel und Anstoß und – so hoffe ich – mit mir auch vielen anderen Menschen.

I. Leben ist gestaltete Veränderung

Ich nehme Gestalt an

Entwicklung bedeutet Veränderung. Mit dem Augenblick der Zeugung beginnt der Weg des Werdens und Veränderns. Das Heraklitsche »Alles fließt« fassen wir heute mit der psychologischen Formel der Entwicklung als einer fortschreitenden, unumkehrbaren Veränderung von Lebewesen in der Zeit.

Entwicklung ist in ihrer einfachsten Form augenfällig als Wachstum. Das Prinzip der Zunahme, des Größer-, des Mehrwerdens dominiert die ersten Stadien der Entwicklung. Je komplexer aber die psychologischen Funktionen sind, desto mehr kommt es zu einer Verschränkung von Wachstum und Differenzierung. Aus der linearen Zunahme, aus dem einfachen Mehr und noch Mehr, wird unversehens eine hierarchische Struktur und Ordnung.

Differenzierung beinhaltet zugleich die Gefahr von Überdifferenzierung, von Verlust und Entfernung vom Zentrum der Person, wenn nicht zunehmend ein weiteres Entwicklungsprinzip zum Tragen kommt: die Integration, das Zusammenfügen und Wiedereingliedern, das Vereinheitlichen der differenzierten Anteile in einer Identität. Jetzt geht es darum, die entfalteten Funktionen zu einem übergeordneten Ganzen zusammenzuschließen und ihr vereinheitlichtes Zusammenwirken zu garantieren. Als integrierendes Zentrum, als Steuer-, Kontroll- und Leitfunktion fungiert das Ich oder das Selbst: Die von mir als entscheidungsfähiger Person getroffenen Willensentscheidungen, Zielausrichtungen, Orientierungen verlangen ein geordnetes Zusammenwirken aller Anteile meiner Person.

Die Ausbildung dieses Selbst geht einher mit der Identitätsfestigung. »Das bin ich, das war ich, das will ich jetzt und später sein« – in solchen und ähnlichen Aussagen erlebe ich mich als einheitlichen Menschen, als eine im Kern unverwechselbare und sich treu bleibende Person, die zwar in verschiedenen äußeren Gegebenheiten unterschiedlich reagieren und sich verhalten kann, die aber in aller Verschiedenheit immer wieder erkennbar bleibt in ihrer unverwechselbaren Identität. Auch wenn Entwicklung immer Veränderung ist, beinhaltet sie auch Kontinuität. In aller Veränderung, der wir fortschreitend unterliegen, bleibt ein beständiger Kern von Grundstrukturen sichtbar, die unverkennbare Individualität und Identität eines Menschen, die sich langsam entfaltet und zunehmend klarere und unterscheidbare Dimensionen annimmt: Das ist es, was wir als »Persönlichkeit« oder mit einem älteren Ausdruck als »Charakter« zu beschreiben pflegen. Und das ist es auch, was wir alle in unserer Persönlichkeitswerdung anstreben: Eine starke und klare Identität zu entwickeln, in der ich mich nicht als passiven und hilflosen Spielball des Schicksals erlebe, sondern als ein Selbst, das seine Fähigkeiten und Fertigkeiten, seine Anlagen und Begabungen im Griff hat, um so zum »Held des eigenen Lebens« zu werden.

Entwicklung im Erwachsenenalter stellt auf dieses Selbst und seine Eigenkräfte ab: Jeder Mensch ist daher Anstoß und Produzent seiner eigenen Entwicklung. In bewußter Auseinandersetzung mit der bisher gelebten Biographie können wir die Schwerpunkte unseres Werdens wahrnehmen.

- Was ist alles geschehen und in welche Richtungen ist es gelaufen?
- Was hat mich gestützt und getragen, was hat mich gehemmt, behindert, eingeschränkt?
- Wo und worin erlebe ich mich stark, kreativ und potent, wo dagegen schwach und überfordert?

- An welchem Lebensplatz war ich zu Hause, wo dagegen fehlplaziert?
- Welche Pläne, Sehnsüchte, Hoffnungen hatte ich, und wo stehe ich nun in ihrer Realisierung?
- Was ist mir davon bis heute geblieben, was ist neu dazugekommen?

In der rückblickenden Auseinandersetzung wird gelebtes Leben zum bewußten Leben. Aus der Fülle des Gelebten treten innere Sinnzusammenhänge hervor, bilden sich Gestalten heraus: Das sind die Formen und Weisen, die ich gelebt habe und in denen ich geworden bin. Zufälliges tritt jetzt in den Vordergrund und erfährt Bedeutung als Teil des Ganzen. Im Daseinsgang sehe ich Vorbewußtes, Angelegtes, diffus Geahntes sich hinentwickeln zur Gestalt, zu dem, was die Inhalte und Strukturen meines jetzigen Lebens geworden sind. Die im Strom der Zeit dahingleitende und unter meinen Händen wegfließende Veränderung meiner Person gewinnt Struktur und wird dadurch faßbar, bestimmbar, ist festzumachen. Der Gestaltungsaspekt tritt erkennbar zutage: Ich habe nicht nur gelebt, sondern bin in dem auch etwas geworden. Im Werden war mir das, was sich zum Sein formte, zwar nur schwer zu fassen, nun aber, im Rückblick, kann ich Weg und Ergebnis klarer wahrnehmen. Was sich im Wechselspiel aus eigenen Potenzen, Möglichkeiten der Umwelt und eigenen Zielsetzungen herauskristallisierte, ist mehr als passives, zufälliges Geschehen, es ist Ausdruck und Gestaltung meines Selbst, es ist Selbstfindung und Selbstrealisierung. Aus dem rückblickend zu fassenden Ergebnis meines Lebens resultieren Sinn und Erfüllung.

Die biographische Selbstreflexion weist aus der Vergangenheit zugleich in die Zukunft. Das Konstrukt meines Lebens wird überführt in die Ausgestaltung von zukünftigen Lebensszenarien.

- Wie sehe ich mich in 10, 15 oder noch mehr Jahren?
- In welchem Lebensrahmen will ich stehen?
- Wen möchte ich neben mir wissen, wen nicht mehr?
- Wo will ich dann angekommen sein?
- Womit will ich dann abgeschlossen und womit will ich neu begonnen haben?
- Was soll mein Programm bis dahin und dann weiter sein?

Aus der Verlängerung gegenwärtiger Entwicklungstendenzen in die Zukunft gewinne ich Zugang zu künftigen Lebenssituationen, Einsichten, die meine jetzigen Entscheidungen, Handlungen, Pläne und Wertungen positiv befruchten oder wesentlich korrigieren können. Eigenständige Lebensgestaltung beruht auf fortlaufender Reflexion des Werdens und Seins in der Zeit: Sie vermittelt Erkenntnisse, eröffnet Perspektiven, setzt Leitlinien, vermittelt Sinngebung, aber auch Kontinuität und Identität: Ich bin es, der (oder die) lebt, ich werde nicht gelebt, sondern lebe – ich halte mein Leben in eigenen Händen.

Wie ist diese Aufgabe der aktiven Lebensgestaltung zu leisten? So wie wir – ohne unser Zutun, ja sogar gegen unser Wollen und Wünschen – uns unablässig verändern, älter und reifer werden, so verändern wir uns auch psychisch: Wir sind angelegt auf Veränderungen in unseren Denk-, Fühl- und Verhaltensweisen, auf Persönlichkeitsentwicklungen, die durch die Umwelt zwar gehemmt und behindert, angeregt oder beschleunigt werden, die klar zutage treten oder bis fast zur Unkenntlichkeit verdeckt verlaufen können, die aber prinzipiell als Lebensphasen auftreten und durchlaufen werden. Färbung, Ausgestaltung, Erscheinungsform sind individuell und kulturell überformt, ihre Grundzüge sind uns aber allen gemein.

Entwicklung und Veränderung so zu betrachten heißt:

Ich muß nicht alles aus mir selbst schöpfen, ich kann und darf mich abstützen auf das, was mir geschieht. Im Vertrauen auf meine mir innewohnenden Potenzen kann ich zuversichtlich die Aufgabe meiner Lebensbewältigung angehen. Im Vertrauen auf meine Eigenkräfte stehe ich der eigenen Entwicklung grundsätzlich positiv gegenüber. Ich nehme mich in der Veränderung an, ich bin bereit, mich in den Strom des Werdens einzugliedern, mich hineinzustellen in den Wechsel der Generationen. Ich bejahe die Geschehnisse meines Lebens und akzeptiere sie in ihrem SoSein. Und ich kann warten. Veränderung, Entwicklung, Reifung initiiere ich nicht nur, sie geschehen mir auch; ich muß nicht immerzu etwas in Gang halten und bewegen, ich darf auch hoffen auf Lösungen in der Zeit.

Brüche und Krisen

Entwicklung betrachten heißt: der Linie des Lebenslaufs zu folgen. Diese Linie ist wohl nie eine gerade, sondern eher eine gekrümmte, die mäandernd in vielerlei Bögen und Schlaufen, mit auch rückwärtigen Windungen, von Hindernissen abgelenkt, letztlich aber doch zu ihrem Zielpunkt führt. Veränderung und Werden ist ohne Brüche und Krisen nicht möglich.

Der Verlust des selbstverständlichen In-sich-selbst-zuhause-Seins ist das Kennzeichen von Entwicklungskrisen. Die Frage »Was bin ich?« ist nicht mehr aus sich selbst zu beantworten. Ein fremd gewordenes Gesicht blickt aus dem Spiegel entgegen. Die sichere Selbsteinschätzung ist ins Wanken geraten, die Frage »Was will ich?« führt in bedrückende Perspektivlosigkeit. Die Kontinuität des Lebenslaufs scheint unwiederbringlich unterbrochen, das erschütterte Selbst erlebt sich schwach und kraftlos. Die Instabilität führt dazu, daß die sozialen Bezugspersonen sich entfremdet fühlen. Unvermittelt greifen bei dem doch früher so vertrauten und berechenbaren Menschen Apathie und Hoffnungslosigkeit Platz, erschwert ängstliche Verunsicherung den Umgang, konsternieren Zaghaftigkeit und Rückzug oder forcierte Aktivität und aufgesetzte Fröhlichkeit. Im Aufbrechen der zentralen Ich-Funktionen – Identität, Selbstbild, Selbsteinschätzung und Ich-Stabilität – deuten sich Veränderungen in der Persönlichkeitsstruktur an, die zu einer Neuorientierung führen.

Entwicklungskrisen gehören zur Reifung. Sie zeigen an, daß ein Entfaltungs- und Strukturierungsprozeß im Gange ist, sie führen zu einer Wende im Daseinsgang und bewirken eine neue Phase in der Selbstwerdung. Sie sind Ausdruck des Ringens um die Bewältigung einer neuen Entwicklungsaufgabe. In ihrer Erscheinungsform können sie selbstbedrohlich bis existentiell erschütternd sein. Ihre Dauer und ihr Ausgang sind vorerst noch unbestimmt, die Zukunftsperspektive scheint abgeschnitten. Aber: Sie sind nicht individuell-reaktiv. In ihnen zeigt sich weder eine frühkindlich erworbene psychische Verletzung an, noch sind sie Vorboten einer psychischen oder körperlichen Erkrankung; genausowenig sind sie die Folge von unerledigten Tagesgeschäften: Sie gehören zum Lebenslauf, und sie zeigen an, daß Neues im Aufbrechen ist, ein Wendepunkt erreicht ist. Neues ist nur erreichbar durch Verzicht auf Altes.

Entwicklung vollzieht sich im Spannungsfeld von Veränderung und Erhaltung. Das Prinzip der Erhaltung gehört zu uns als Wunsch nach Entspannung und Ordnung. Spannungen und Ungleichgewichte lassen uns nach Aufgehobensein in totaler Bedürfnisbefriedigung verlangen.

Innere und äußere Unordnung ruft nach Struktur, Gefüge, Klarheit, Übersichtlichkeit. Kaum darin eingerichtet, erleben wir wiederum Beschränkung und Einengung, so daß sich antagonistisch schöpferische Impulse bemerkbar machen: Expansionsdrang und Bedürfnis nach Neuem lassen das Bekannte schal werden und den Aufbruch in Neuland suchen. Immer wieder tendieren wir zu Erhaltung, Entspannung, Gleichgewicht und Ordnung, und immer wieder stören wir und wird diese Ordnung gestört um der Weiterentwicklung willen. Veränderung ist nicht nur Leben, sie ist auch lebensnotwendig.

Entwicklung braucht Widerständigkeit. Sie kommt in Gang durch Reibung, durch Reize, die stimulieren, durch Joche, die uns drücken, und durch Stacheln, gegen die wir löcken müssen. Die Widerständigkeit der Realität setzt Grenzen, Versagungen und Frustrationen, die Herausforderung und Anstoß zur Erweiterung sind. Die destruktive Frustration, die überfordert, die auf Brechung der Kräfte und des Willens zielt, die kleinmachen will und Widerstand vernichten will, diese Frustration wirkt lebensverengend. Sie verhindert Wachstum und Veränderung, läßt ängstlich-duckend an der Ordnung festhalten. Das gebrochene Individuum verzagt unter dem Risiko, das jede Veränderung in sich birgt, ist erfüllt von einem Urmißtrauen gegenüber sich selbst und kann daher nur sein Scheitern antizipieren. Die konstruktive Frustration ist eine lebenserweiternde, die Wachstum nach innen und außen in Gang setzt. Wachstum als Vergrößerung heißt Bereitschaft zu mehr Berührung und Kontakt, sucht schöpferische und aktive Auseinandersetzung. Wachstum als innere Fülle betont den Reifungs- und Vertiefungsaspekt, zielt auf Differenzierung und Integration. Konstruktive Frustration ist Herausforderung und wird erlebt als Aufgabe, die bewältigbar ist.

An den Widerständigkeiten wird der Lebensfluß lebendig. Er muß sich seinen Weg suchen, unter Wurzeln durchfließen, sich Höhlen graben, über Steine plätschern, über Felsen stürzen. Er verliert sich streckenweise in vielen verschiedenen Armen, um – wiedervereint – um so stärker und majestätischer dahinzufließen. Er bildet stille Tiefen und gefährliche Strudel aus, er sieht auf seinen Wegen und Umwegen vielerlei und Unterschiedliches; und er steht nicht in Gefahr, im schnurgeraden Bett träge dahinzufließen, im immergleichen Rhythmus und auf immergleichem Niveau, vom immergleichen Ufer gesäumt und fortwährend bedroht von der Möglichkeit zu versickern, zu versanden oder, eingesperrt in einem künstlichen Bachbett, einen langsamen Tod zu sterben.

Nur mit dem Mut zum Neuen kann Entwicklung Veränderung bringen und Leben sein.

Die Gestaltungslinie

Wir wollen nun den Phasen des Lebenslaufs folgen. Wissen und Hypothesen über die Entwicklung im Erwachsenenalter werden ergänzt durch Aussagen von Menschen, die am jeweiligen Punkt ihres Lebenslaufs über ihre Befindlichkeit sprechen, zurück- und in die Zukunft blicken. Es ist unumgänglich, Aussagen an zeitlichen Abläufen festzumachen, Phasen und Entwicklungsabschnitte zeitlich zu konkretisieren. Dabei ist aber immer wieder mitzudenken, daß sich Entwicklung nur sehr vage am chronologischen Alter orientiert: Spät- und Frühentwickler gibt es nicht nur in der Kindheit. Zeitpunkt und Zeitdauer eines Prozesses sagen aber nichts aus über Qualität, Intensität und Niveau. Deutlicher noch als auf früheren Entwicklungsstufen liegen große zeitliche und inhaltliche Abweichungen zwischen gleichalten Erwachsenen im Wesen der Sache.

Entwicklung ist ein lebenslanger Prozeß. Die »fertige« Person, so schön und tröstlich das Bild auch wäre, einmal endgültig angekommen zu sein, gibt es nicht. Gerade für uns, die wir uns in einem bisher nie gekannten rasanten externen Veränderungs- und Umwertungsprozeß orientieren müssen, sind lebenslanges Lernen, Innovation und Mobilität fortwirkende Motoren unserer Entwicklung. Von daher ist Entwicklung auch nicht auf bestimmte Lebensphasen beschränkt, noch führt sie auf gleichen Wegen zum identischen Ziel: Es gibt so viele Entwicklungslinien, wie es Menschen gibt, und es gibt so viele Entwicklungsziele, wie sie Menschen sich setzen können – ungeachtet der Tatsache, daß wir alle auf unseren Wegen Ähnliches bearbeiten müssen. Zwangsläufig müssen wir Lebensgeschehnisse auf verschiedenen chronologischen Entwicklungsstufen oder -phasen beschreiben, damit wir uns überhaupt verständigen können. Das verführt dazu, einen idealen, anzustrebenden Entwicklungsverlauf anzunehmen. Dies aber hieße, Entwicklungspsychologie mißzuverstehen als eine wertende, normensetzende, zielvorgebende Ideologie. Die Beschreibung von Grundthemen des Lebens ist der Hintergrund, vor dem jedes Individuum seine je eigene Lebensgeschichte gestaltet. Entwicklungsthemen haben exemplarischen Wert, sie sollen erläutern, veranschaulichen, verdeutlichen, erklären, Aspekte aufzeigen, aber nie im Sinne von Wahrheiten, sondern immer als Denkanstöße und Orientierungshilfen.

Weder kommt es gesamthaft in der Entwicklung zu einem Ziel oder Ende, noch in einzelnen Phasen. Entwicklungsthemen werden nicht abgehakt oder ad acta gelegt, es sind keine Geschäfte, über die endgültig die Bücher geschlossen werden können, es sind Themen, die zwischen Hintergrund und Vordergrund oszillieren. In bestimmten Phasen meines Lebens steht das im Vordergrund, später anderes, aber beides begleitet mich weiter. Auch hier muß mit Unfertigem, Vorläufigem, nie Abgeschlossenem gelebt werden.

Für uns soll im Vordergrund stehen: Lebenslauf als Individuationsprozeß und Lebensgestaltung als Konstruktionsprozeß.

Unsere Kernsätze lauten zum Beispiel:

- »Leben ist Lebensaufgabe.«
- »Das ist mein Weg.«
- »Jeder ist für sein Leben selbst verantwortlich.«
- »Jeder ist letztlich allein.«

Dies ist eine eingeengte Betrachtungsweise, läßt sie doch wesentliche andere Gesichtspunkte außer Betracht:

- *Die gesellschaftlichen und sozio-ökonomischen Aspekte:*
  Was sind das für Entwicklungsnormen, die mir meine Umgebung, meine Schicht und meine Kultur vorgeben? In welchen Verhältnissen lebe ich, kann ich mir den »Luxus« von Entwicklung eigentlich leisten? Auf welche geistigen und bildungsmäßigen Voraussetzungen kann ich aufbauen?

- *Die individuellen psycho-physischen Voraussetzungen:*
  Was sind meine Fähigkeiten und Fertigkeiten? Bringe ich eine gute, stabile, ausgeglichene, belastbare körperliche und seelische Verfassung mit, die mich Herausforderungen leicht annehmen läßt, oder brauche ich vermehrt Unterstützung? Habe ich einen Sinn für Grundfragen des Menschlichen, und suche ich über-

haupt die bewußte Lebensgestaltung? Glaube ich, daß das etwas für mich ist, daß mir das etwas gibt?

- *Die Voraussetzungen der individuellen Sozialisation:* Welche Bilder habe ich mitbekommen in bezug auf Entwicklung? Wurde Neues gewünscht und begrüßt oder eher am Bewährten und Konstanten festgehalten? War Entwicklung ein Privileg für Männer, oder gab es starke Frauen mit Mut zur Veränderung? Wurde ich im Wechsel eher ermutigt oder eher entmutigt?

- *Die beziehungsmäßigen Aspekte:* Wie werde ich in meinen Entwicklungsbemühungen von einem sozialen Netz getragen? Erlaubt mir mein Beziehungsgefüge überhaupt Entwicklung, fördert es mich, oder wirkt es hemmend? Was löse ich damit aus, und wie wirkt das auf mich zurück?

- *Die partnerschaftlichen Aspekte im engeren Sinn:* Wie spezifiziert sich Entwicklung für Männer und wie für Frauen? Wie gehe ich um mit unterschiedlichen Entwicklungstempi in der Partnerschaft? Welche Auswirkungen haben meine und deine Entwicklung für unser gemeinsames Leben? Gibt es neben unserer eigenen Entwicklung auch eine duale Entwicklung unserer Gemeinschaft?

Diese Fragen sind in ihrer Komplexität bereits wieder eigene, buchfüllende Themen. Indem sie die vielen externen Einflußgrößen erkennen lassen, verliert sich in ihnen leicht der Anteil des Individuums – und das ist doch unser Anliegen hier: Aufzuzeigen, welchen Weg ich gehen könnte, was mir helfen könnte, mein Leben bewußt zu leben, es eigenverantwortlich und aktiv zu gestalten.

II. Aufbruch

Auf der Suche – Frau A.

Ich bin jetzt 26 Jahre alt. Von meiner Jugend gibt es nichts Besonderes zu berichten. Geordnete Familie halt: Der Vater ist Bähnler, die Mutter ist zu Hause gewesen, als wir – ich habe noch einen jüngeren Bruder – klein waren. Später hat sie dann im Migros-Restaurant ausgeholfen. Nach der Sekundarschule habe ich eine kaufmännische Ausbildung gemacht, wohl auch, weil ich sonst nichts wußte. Bis zum Abschluß lief alles so brav. Dann bin ich das erste Mal nach Australien, weil da jemand aus der Familie wohnt. Da habe ich gemerkt, ich weiß ja gar nicht, wer ich bin. Ich muß das erst noch herausfinden. Deshalb habe ich mich geweigert, mich zu spezialisieren oder irgendwie festzumachen. Ich habe damals wohl auch noch nicht eingesehen, wieso ich mich entscheiden sollte.

Ich habe gejobbt, in ganz verschiedenen Stellen, und in diversen Wohngemeinschaften gelebt. Sobald ich genug Geld hatte, bin ich wieder auf Reisen. Eigentlich war ich recht entwurzelt, immer unterwegs, mal hier, mal da. Ich habe genossen und mitgenommen, was sich so angeboten hat. Dann habe ich daran gedacht, die Ausbildung zur Physiotherapeutin zu machen. Habe deshalb im Spital gejobbt. Das hat mir aber gezeigt, das ist es nicht. Die Atmosphäre hat mich total belastet. Dann bin ich bei einem Reisebüro hängengeblieben. Meine Erfahrungen vom Reisen kamen mir da ja zugute. Da habe ich gemerkt, daß meine Interessen eigentlich »neben« der Arbeit liegen: Struktur- und Grundsatzdiskussionen, Personalausschuß, Gleichberechtigungsfragen, das engagiert mich. Ich habe Mühe mit der klassischen Frauenrolle. Obwohl, oder vielleicht gerade weil ich merke, wie mich das traditionelle Verständnis geprägt hat.

Ich lebe momentan auch alleine. Mein Freund wollte immer, daß ich schwanger werde, wollte mich festmachen damit.

Was mir jetzt guttut, sind Frauenfreundschaften. Da suche ich meine Vorbilder, starke, politisch und gesellschaftlich aktive Frauen.

Mein Problem ist aber, daß ich mich mit mehr als 100 Prozent eingebe. Ich gehe immer voll in alles rein und stürme vor. Ich würde sagen: ungeheuer viel Power, aber eigentlich orientierungslos. Deshalb habe ich auch so ein Lebensgefühl: himmelhoch jauchzend, zu Tode betrübt. Ich kann nur entweder voll oder gar nicht. Ich lebe auch zu stark nach außen, orientiere mich zu fest an anderen.

Jetzt habe ich gemerkt, es ist einfach zu viel, 120 Prozent im Beruf und genauso im Privaten, und das Ganze total verzettelt. Jetzt bin ich aufgewacht, ich muß etwas Zielgerichtetes machen. Einfach wieder ins Büro kommt für mich nach all dem nicht mehr in Frage. Ich habe jetzt folgende Punkte für mich aufgestellt:

Nach einer Berufsberatung beginne ich nun die Ausbildung in einem Sozialberuf. Ich hatte ja schon früher einmal daran gedacht, aber da war es noch zu früh. Jetzt weiß ich, daß es bei mir nur über Menschen läuft. Dieses Potential will ich ausbauen.

Ich muß lernen, mich zu begrenzen und von den 120 Prozent herunterzukommen. Deshalb versuche ich, mir nur noch Nahziele zu setzen, von einem zum anderen zu gehen, damit das »Dreinstürmen« aufhört.

Abgrenzen ist das nächste. Ich lasse mich mitreißen und spüre gar nicht, will ich es oder will ich es eigentlich nicht.

Dazu gehört auch das Neinsagen. Ich kann nicht immer alles machen, ich muß mich eben doch spezialisieren, obwohl ich es eigentlich nicht wollte.

Vom Suchen zum ersten Lebensmuster

Pubertät – ein Stichwort, das viele und auch ambivalente Gefühle auslöst, selbst wenn schon recht viele Jahre dazwischenliegen. Die erste Liebe ist wohl die positivste Erinnerung, aber auch Unsicherheit, Selbstzweifel kommen wieder hoch. Der veränderte Körper, in dem man noch nicht heimisch war, das Hin- und Hergerissensein zwischen den himmelhochjauchzenden und den zu Tode betrübten Stimmungen. Das Leben zwischen zwei Stühlen: zu groß geworden für den Kinderstuhl und auf dem Erwachsenenstuhl noch etwas verloren. Die vielen Hoffnungen, Wünsche, Träume und die bange Frage: Was wird werden, wer werde ich sein? Lebendig werden häusliche Auseinandersetzungen, aber auch die Gesichter der Freunde, in deren Kreis man sich verstanden und aufgehoben fühlte. Nächtelange Diskussionen kreisten um die Zukunft. Das Tun und Lassen von Idolen wurde mit sehnsüchtiger Anteilnahme verfolgt, aufgesogen, verschlungen. Die »Uniform« war wichtig: »Besser so oder besser so?« – das brauchte Zeit und beanspruchte viele Energien. Im stürmischen Auf und Ab oder in der verdeckten kritischen Reflexion ging es um eins: sich zu finden in einem von Verantwortungen und Sachzwängen noch recht freien Rahmen. So haben wir es alle einmal erlebt.

In einem spielerisch-vorläufigen Ausprobieren von Lebensmustern formt sich das aus, was dann den jungen Menschen charakterisiert: seine Interessen, seine Begabungen, sein Geschmack und seine Ausrichtungen jenseits jeder Zeitgeistmode, seine ersten Werthaltungen und Lebenspläne, letztlich doch konform oder neben bis ganz konträr zu den ursprünglich selbst gewollten oder von den Eltern geplanten Bahnen. In der Zeit der Bildung und

Ausbildung, angeregt durch Wissen, Erfahrungen, Auseinandersetzungen mit Bezugspersonen, Anpassungen an Forderungen, Brüche mit Bestehendem, Wünsche und Sehnsüchte nach Irrealem – in dieser Zeit haben sich Scheinidentitäten als solche entlarvt, wurde erkannt, was als nächstes wichtig werden sollte. Und dieser erste Plan und Vorsatz bleibt dann auch wichtig, selbst wenn die neuen, selbstgewählten Autoritäten anderer Meinung sein sollten. Denn langsam wird auch die Gruppe in ihrer tragenden, prägenden, aber auch einengenden Funktion immer weniger verbindlich; an ihre Stelle treten Einzelfreundschaften oder erste Liebesbeziehungen, die nun stabilisierend und heimatgebend sind.

An der Schwelle zwischen Adoleszenz und dem Lebensabschnitt des jungen Erwachsenen sind noch nicht erreicht, aber wesentlich vorangetrieben:

Die soziale Verselbständigung

Emanzipiert von den elterlichen Ge- und Verboten, richtet man sich nun seine eigene Lebenssituation ein. Der Auszug von zu Hause kann ein äußerer Markstein sein. Doch auch unter dem elterlichen Dach und im alten Kinderzimmer weht nun klar ein neuer Wind: Die Türen werden nach eigenem Gutdünken geöffnet und geschlossen. Im Ausbildungs-, Arbeits- und Freizeitbereich bewegt sich der junge Erwachsene eigenverantwortlich und selbständig. Finanzielle Abhängigkeiten erschweren die Verselbständigung, verunmöglichen sie aber nicht. Mit einem gewachsenen Selbstgefühl kann auch mit Abhängigkeiten inzwischen autonomer und selbstbewußter umgegangen werden.

Die psychologische Verselbständigung

Die eigene Meinung ist schon lange formuliert, häufig rigoros, fundamentalistisch überzogen, mit der Kompromißlosigkeit gebildet und vorgetragen, die sich aus Selbstbehauptungsstreben und dem Bedürfnis, sich als denkendes und unabhängiges Individuum zu manifestieren, speist. Ablösung von der Herkunftsfamilie heißt nicht nur in der Lebensform, sondern auch in den Denk- und Urteilskriterien: »Nein, nur nicht so wie ihr!« Kritisch steht die überkommene Sozialisation zur Debatte. Befreiung von den alten Zwängen beinhaltet auch, die verbliebenen Krusten mütterlicher und väterlicher Wertungen aufzuweichen. Die gewonnene Klarheit darüber, wie man selbst und wie die Welt beschaffen sei, gibt Sicherheit und eröffnet einen positiven Zukunftshorizont.

Wenn auch immer wieder Selbstzweifel und Minderwertigkeitsgefühle die gewonnene Identität erschüttern, wenn auch Perspektivlosigkeit und angestrengte Arbeitsmarktlage, politische und soziale Verunsicherungen deprimierend wirken, der Eintritt in die Erwachsenenwelt wird erlebt als Aufbruch und Herausforderung.

Literarisch hat das Ernst Stadler (1883–1914) in seine expressive und romantische Beschreibung des »Vorfrühlings« gefaßt:

In dieser Märznacht
trat ich spät aus meinem Haus.
Die Straßen waren aufgewühlt von Lenzgeruch
und grünem Saatregen.
Winde schlugen an. Durch die verstörte Häusersenkung
ging ich weit hinaus
Bis zu dem unbedeckten Wall und spürte:
meinem Herzen schwoll ein neuer Takt entgegen.

In jedem Lufthauch
war ein junges Werden ausgespannt.

Ich lauschte,
wie die starken Wirbel mir im Blute rollten.
Schon dehnte sich bereitet Acker.
In den Horizonten eingebrannt
War schon die Bläue hoher Morgenstunden,
die ins Weite führen sollten.

Die Schleusen knirschten.
Abenteuer brach aus allen Fernen.
Überm Kanal, den junge Ausfahrtwinde wellten,
wuchsen helle Bahnen,
In deren Licht ich trieb.
Schicksal stand wartend in umwehten Sternen.
In meinem Herzen lag ein Stürmen
wie von aufgerollten Fahnen.

Der bereitete Acker, die Bläue der Zukunft, das Stürmen auf einen unbekannten, abenteuerreichen Horizont hin, die Wirbel des eigenen Blutes, die zum Verlassen des Hauses zwingen, dies ist Aufbruch in der Sprache des Dichters.

Herr B. (30) formuliert das rückblickend so: »*Nach meiner Lehre, da hatte ich das Gefühl, jetzt beginnt etwas Neues, es ist ein Aufbruch; das war positiv. Alles war offen, und die Freiheiten! Damals hatte ich auch klare Vorstellungen, was ich erreichen wollte, Bilder, wie das aussehen sollte. Es war für mich eine gute Zeit, viel Energie, viele Ideale. Man hat noch einen Freipaß und Goodwill von den anderen. Man ist noch nicht so eingebunden, kann sich auch Fehler leisten, hat noch nichts zu verlieren. Voller Power wollte ich alles verändern. Die Welt verändern, das war mein Ziel.*«

Nicht die Welt verändern, sondern erobern – unter diesem Stichwort ist Herr E. (32) losgesegelt: »*Mir gehörte die*

Welt, alles schien mir so einfach, ich war so eingenommen von mir und meinen Plänen, und es ist ja auch so gelaufen. Es war eine große Naivität, diese Selbstverwirklichung, aber es hat mich herausgefordert bis zur Selbstaufgabe. Es war brutal, aber es war eine gute Schule.«

Was in diesen Aussagen anklingt, ist die Herausforderung durch die Zukunft. Die Möglichkeit der Selbstentfaltung wird ergriffen, die Selbstbetonung steht im Vordergrund. Die leibseelischen Antriebe sind geprägt von starker Vitalität und Stoßkraft: Es muß werden, was ich will! Zukunftsbilder lassen Hindernisse klein und überwindbar erscheinen. Hoffnungsfähigkeit räumt Bedenken aus dem Weg, läßt an die Realisierbarkeit aller Pläne und die Erfüllung aller Wünsche glauben. Der starke Antrieb drängt auf Expansion, die Lebensgrundstimmung ist gehoben, Lebenslust und Daseinsfreude sind Motor einer ungebrochen zur Verfügung stehenden Leistungsfähigkeit. Bei geringer Ermüdbarkeit und rascher Erholungsfähigkeit werden körperliche und geistige Strapazen mühelos weggesteckt. »Power, Energie, Draufgängertum« – das sind die Stichworte, die für einen kraftvollen Einstieg in eine expansive Lebensphase stehen.

Siegfried und der Machbarkeitswahn

Das menschliche Verdrängungspotential ist groß, egal wie alt wir sind. Ein kindlicher Glaube begleitet uns alle: Es trifft immer nur die anderen, nie mich. Vermeintlich gefeit vor Schicksalsschlägen und existentiell bedrohlichen Einbrüchen, fühlen wir uns sicher und verfolgen unsere gewohnten Bahnen. Scheitern und Tod blenden wir aus, nähren unsere Illusionen von Unfehlbarkeit und Unverletzlichkeit – und leben.

In besonderem Maße trifft dies auf das junge Erwachsenenalter zu. Power, Draufgängertum, der Drang, sich zu beweisen und sich durchzusetzen – das sind Triebfedern, die überlegtes, antizipierendes Denken überrennen. Ziele werden gesehen und auf direktem Wege angegangen. Weder mögliche Einwände noch Hindernisse werden genügend beachtet und einbezogen, der menschliche Faktor wird nur unzureichend wahrgenommen: Kritikschwäche ist dazu der Fachausdruck. In der realitätsadäquaten Beurteilung von Sachverhalten und Zusammenhängen klaffen noch Lücken, vorschnell, ungenau, eindimensional und subjektiv wird gedacht und gehandelt. »Die Welt verändern« wollte Herr B., und er fügt rückblickend an, so gut diese Zeit für ihn auch gewesen sei, heute müsse er etwas lachen, »man glaubte schon alles zu wissen, alles zu können«. »Naivität« war das Stichwort von Herrn E. dazu.

Sie und viele andere haben sich erlebt als ein Jung-Siegfried, der mit seinem Schwert Notung das Mittel zur Lösung der Rätsel der Welt in Händen zu halten glaubt. Als reiner und tumber Tor – Narrenfreiheit ist auch ein Wort, das in diesem Zusammenhang fällt –, noch ohne geschärfte mitmenschliche Wahrnehmung, stolpert Siegfried in seiner Welt umher und bewirkt gerade kraft seiner Naivität so viel. Der heutige Siegfried trägt statt eines Schwertes einen Labtop und ein Handy, fährt Auto oder Motorrad. Verbunden ist er mit seinem Archetypus durch den unbedingten Glauben an sich selbst und seinen Sieg.

Siegfried kennt die Furcht nicht, er handelt, ohne an die Konsequenzen seines Handelns zu denken – und genau darin liegt seine Stärke. Auch der Gordische Knoten fiel nicht durch komplizierte Überlegungen, sondern durch die kraftvolle Handlung eines Tatmenschen. Siegfried war geschützt durch seinen Glauben an die eigene Unverwundbarkeit. Er verlieh ihm den Mythos des Erfolgreichen und wirkte symbolisch so lange, bis eine Entwicklung hätte einsetzen müssen, die aus dem Tatmenschen einen Denkmenschen hätte formen sollen. Siegfried fällt durch menschliche Ranküne – eine Dimension, die sich ihm in einem Reifungsprozeß hätte erschließen sollen und die er verfehlt hat. Sein Aufbruch war gelungen, seine Entwicklung verpaßt.

Mit dem Schwert in der Hand heißt das Motto: »Das Leben ist einfach und leicht zu meistern!«, und auch: »Mit Ausdauer und Willenskraft werde ich Erfolg haben!« So hat es Roger L. Gould 1979 in seinen »Lebensstufen« formuliert, und so sagt es Herr F. (38): »Ich habe dazumal immer gedacht, harter Einsatz zahlt sich aus.«

Auch wenn wir mit diesen Merksprüchen Illusionen aufsitzen, so sind es doch gerade diese Illusionen, die uns Tatkraft, Elan, Leistungsbereitschaft und Willenskraft verleihen. Schwierigkeiten sind dazu da, sie zu überwinden: Es ist möglich, und ich kann es – aus dieser Gewißheit ziehen wir eine erste Stärke. Wir profitieren vom Mythos unserer eigenen Unfehlbarkeit und Potenz, und wir siegen durch die Aura des Siegers so lange, bis der Bonus der Jugendlichkeit aufgezehrt ist und wir aufgerufen sind, in die von Siegfried verpaßte Entwicklung einzutreten.

»Hätte ich das alles schon gewußt, ich hätte nie den Mut gefunden, wegzugehen!« sagt Frau Z. (47). Blauäugigkeit, Naivität, Kritikschwäche, Risikobereitschaft – das braucht es, das ist gut und richtig, um auf den Weg zu kommen. Mut zum Aufbruch, ja sagen zum Leben, sich stellen, hinausgehen mit dem Bewußtsein der eigenen Größe und Unverwundbarkeit, das gibt die Kraft, anzufangen.

»Die Welt ein Zaubergarten und ich darin ein König«,

das ist ein Bild von Hermann Hesse. Das Faszinosum und das Mysterium des eigenen Lebens lockt, und ich bin der, dem es sich enthüllt. Ich halte den Zauberstab in Händen, um Herrscher in meinem Reich zu werden.

Der Weg ist wichtig

Aufbruch als Flucht ist auch ein Weg nach vorne. Neues kann gesucht und aktiv-bejahend angestrebt werden. Entwicklungen werden aber durchaus nicht immer gesucht, sondern sind häufig Folge äußerer Konstellationen, bedingt durch unerträgliche Verhältnisse, die auf Änderung drängen.

Für Frau R. (40) war der Aufbruch eher eine solche Flucht nach vorne aus Angst, im vorgegebenen Rahmen zu versauern. »*Ich wollte nicht so brav und altmodisch und depressiv werden. Deshalb war ich auch so aggressiv, immer auf der Flucht, immer angegriffen. Nur wenn ich mich sicher fühlte, konnte ich spontan und offen sein. Was mich angetrieben hat, damals? Schwierig! Vielleicht, die Vergangenheit hinter mir zu lassen. Herauszukommen aus dem Ganzen. Auch, das zu werden, was ich kann, aber damals war wohl zentral, das Ganze zu Hause hinter mir zu lassen.*«

Auch Frau E. (35) sieht den Übergang von der Adoleszenz ins Erwachsenenalter für sich sehr kritisch: »*Mein Thema war ›weg von zu Hause‹. Alles ist besser, auch eine Beziehung, selbst wenn sie noch so schlecht ist. Ich habe keine aktive Berufswahl getroffen, mein Weg wurde mir vorgezeichnet. Deshalb gab es nur eins, weg! Es war aber eine vermeintliche Unabhängigkeit, ich bin über eine Beziehung direkt wieder in eine neue Abhängigkeit hineingerutscht. Ich fühlte mich zu die-*

ser Zeit ausgeliefert, machtlos, hilflos, hatte Ängste, habe mich immer zurückgenommen. Es ist immer alles so passiert, ohne mich. Ich habe länger gebraucht, mich zu lösen. Mein Leben hat erst mit 30 angefangen. Jetzt ist für mich der Aufbruch!«

Erzwungene, negative, belastete Starts in die Phase von Ausbildung und Verselbständigung sind kein Hindernis für eine positive Wendung und eine befriedigende Zukunft. Rückblickend wird zwar die Schwere dieser Zeit subjektiv wieder deutlich nachempfunden: Es hätte leichter gehen können, unter anderen Vorzeichen, aber es mußte diesen Weg nehmen. Mehrfach kommen Deutungen wie: Es hatte sein Gutes, ohne diese Schwierigkeiten wäre ich vielleicht nicht so weit, vielleicht habe ich längere Zeit gebraucht, um alles zu verarbeiten, aber wichtig ist, daß ich jetzt da stehe, wo ich stehe!

Der erzwungene Aufbruch geht einher mit überkommenen Belastungen, noch nicht gelösten familiären Problemen. Da ist noch mehr zu bearbeiten, da braucht es noch längere Zeit zur Ablösung. Flucht schafft nur Distanz und ist keine Bewältigung. Wesentlich ist der Mut, sich auf den Weg zu machen. Jeder Schritt nach vorne – und gehe er noch so in die Irre – ist besser als kein Schritt.

Erschwert wird Entwicklung, wenn Rückzugsgefechte im Gange sind: statt nach vorne zurück in die vermeintliche Geborgenheit der Kindheit oder in Schein- und Nebenwelten. Auch auf Reisen und in Zweit- und Drittausbildungen kann man sich wohlige Nester aufbauen, die vor der Ernstsituation schützen.

Beispielgebend dafür ist die Entwicklung von Frau Q. (49): *»Ich war früher die höhere Tochter, die zusieht, wie man lebt. Ich war immer ein starker Einzelgänger, brauchte viel Zeit für mich. Habe sehr viel gelesen, in die Tiefe gelebt. Mein Leben verlief in einer Welt daneben. Das sollte es auch. ›Weg von* *der Lebensrealität‹, war mein Motto. Ich habe eigentlich in einer Märchenwelt gelebt. Dabei gab es einen Haufen Sachen, die ich wollte und nicht konnte. Ich hatte sehr idealistische Vorstellungen, war ethisch sehr stark orientiert, konnte aber nichts umsetzen. Ende 20 ist das Leben dann doch noch gekommen, ich habe dann sehr stark nach außen gelebt, mußte mich bestätigen. Noch zwischen 30 und 40 war mein Motto die Bearbeitung der Herkunftsfamilie. Die eigentliche Wende kam erst ab 40. Da bin ich aufgebrochen, da habe ich erst richtig gelebt.«*

Heraustreten und Erproben ist das Motto. Auch wenn ich herausgetreten werde, so befinde ich mich doch auf dem Weg – und das ist die Forderung dieser Lebensphase.

Noch ist die Pubertät nicht abgeschlossen

Entwicklung kommt nicht an ein Ende. Das große Thema der Ablösung und Verselbständigung reicht so wie für Frau Q. auch für viele andere noch weit in das Erwachsenenalter hinein. Genau in der Fortführung dieser Entwicklungslinie sieht Daniel J. Levinson in seiner Konzeption des Erwachsenenlebens (1979) eine Aufgabe dieses Lebensabschnitts.

Der Trennungsschritt zur Verselbständigung, das Ausziehen von zu Hause, die eigenen Lebensformen, die persönlichen Kreise – das alles mag schon sehr nach Autonomie klingen und auch so aussehen. Die äußeren Marksteine mögen einen selbst glauben machen, schon weit gekommen zu sein. Schauen wir genauer hin, so begegnen uns bekannte Themen in einem neuen Gewand.

Frau E. setzte ja so einen abrupten Schlußpunkt: Raus

und weg! Aber wohin? Sie tauschte eine Abhängigkeit gegen eine neue. Noch weit davon entfernt, sich verselbständigt und gelöst zu haben, spürte sie ihre Unfähigkeit, alleine existieren zu können. Erst die rasch eingegangene Beziehung ermöglichte ihr eine räumliche Trennung, die sie alleine, auf sich gestellt, nicht hätte vollziehen können. Häufig begegnet uns noch dieses Muster: Lösung und Weiterentwicklung geschehen in einem ersten Schritt über eine Hilfsperson. Auch hier war die Beziehung Vehikel zur Lösung und schuf doch zugleich neue Bindung und Abhängigkeit. Nicht als aktive, selbstbestimmte Entscheidungsträgerin erlebte sich Frau E., sondern als passives, fremdbestimmtes Objekt, »dem immer alles so passiert«. Sie benötigte mehr Zeit, wohl auch darum, weil sie unter ungünstigen persönlichen Bedingungen starten mußte. Die Lösungsthematik setzte sich fort bis zum 3. Lebensjahrzehnt, aber auch ihr Aufbruch gelang.

Experimentieren, sich in Rollenbildern erfahren, sich in Fremdidentitäten erproben und so die Wahrnehmung des eigenen Selbst vertiefen, neben der Realität leben nach dem Motto »Ich bin, was ich phantasiere« – das hat Herr K. (33) noch weit bis in seine 20er Jahre hinein gelebt. Für ihn gab es nur ein Thema: Grenzerfahrung. *»Ich habe alles gemacht, auch unter Risiko für die eigene Person. Ich habe gespielt mit Welten und Rollen, experimentiert, im Spielen innere Freiheiten gesucht. Ich wollte alles ausloten, vom Körperlichen bis zum Spirituellen, unter hoher Risikobereitschaft.«*

Er spricht von seiner »Sturm-und-Drang-Zeit«, die mit der üblichen Ablehnung und Verweigerung begonnen habe, sich aber nicht abschwächte, sondern eher noch extremer wurde. In einer randständigen Lebensform suchte er sich zu befreien von vorgegebenen Lebensmustern. Starke Abgrenzung und Vereinzelung nach außen durch eine selbstgewählte Isolierung sollten ganzheitliche Lebenserfahrung und innere Freiheit erbringen. Er wollte tiefer gehen, weiter gehen als andere, mehr hinterfragen und in Frage stellen. Es seien »verspätete Pubertätsriten« gewesen, aber ohne das wäre er nicht der, der er nun sei.

Auch Herr H. (33) hat eine längerdauernde Bearbeitung der Eltern-, speziell der Vaterbeziehung hinter sich. Aber nicht ein »Weg« war seine Lösung, sondern ein »Genau das!«. *»Ich wollte werden, was mein Vater ist, sowohl innerlich wie äußerlich. Seine Lebensführung, sein Engagement haben mich beeindruckt und mich in diesem Sinne geprägt.«*

Unter diesem Motto ist Herr H. gestartet. Die eingeschlagene Richtung war jedoch eine Sackgasse. Von außen wurde ihm signalisiert, daß dies nicht sein Weg sei, sondern daß er einer Delegation folge. Dies löste in ihm einen Prozeß der Reflexion aus; in einer Kehrtwendung gelang ihm nun die Befreiung von dem übernommenen Denk- und Wertesystem. Obwohl sich der Kreis nun schließt und er über einen großen Bogen wieder in die Nähe der ursprünglichen Lebenspläne zurückgefunden hat, sagt er: »Ich bin nun selber verantwortlich, was ich im Leben mache, und nicht einfach in ein Fahrwasser geraten.«

Von Herrn B. und seinem Aufbruch zur Veränderung der Welt, zur Behebung der Mißstände war schon die Rede. Herr F. formuliert Ähnliches: »Ich war ein Idealist, ein rigoroser Ethiker, Erlöser der Menschheit, so bin ich gestartet.«

Hier begegnen uns Haltungen des ethischen Rigorismus, die typisch sind für eine jugendliche Entwicklungsphase beim Aufbau eines ethischen Systems. Die Tendenz zu Abstraktion und Wirklichkeitsferne dringt durch. Überfordernde Prinzipien neigen zur Vergewaltigung der Lebenswirklichkeit. Regelhaftes, normierendes, schematisierendes und schablonisierendes Denken führt zu einer noch unrealistischen Kompromißlosigkeit. Schwarz und Weiß,

Gut und Böse, die einfachen Deutungen sind noch präsent. Wie immer gibt dieses Muster einerseits eine klare Leitlinie und eindeutige Orientierung, was dankbar erlebt wird als Stütze des noch unreifen Ichs. Es verleitet aber gleichzeitig zu Selbstüberschätzung und Unmenschlichkeit, sich und anderen gegenüber.

Die Entwicklungsaufgabe Anfang 20 heißt auch, die in der Pubertät begonnenen Linien fortzusetzen und zu differenzieren.

Zwischenschritte: Vom Idol zum Mentor

Für viele Menschen vollzieht sich der Weg in die Autonomie über ein Hilfs-Ich. Ein solches Hilfs-Ich in Form einer Beziehung als Schritt zur Ablösung haben wir schon kennengelernt.

Noch in anderen Funktionen treten in den Lebensgeschichten Menschen auf, die unterstützen, prägen, mittragen, illustrieren und die in diesen Merkmalen eine Neuauflage der psychologischen Funktionen von Vater oder Mutter bzw. eines Idols aus der Jugendzeit darstellen.

In den Eltern findet das Kind ein erstes Identifikationsobjekt: »Das ist der Mensch par excellence, so will ich sein.« Die Auflösung der Identität, der sicheren Gewißheit des »Das bin ich«, durch die Umstrukturierung in der Pubertät erfordert neue Identifikationen. Da treten die Idole in die Leerstellen der Persönlichkeit und signalisieren: »Das könntest du sein.« Inzwischen wissen wir zwar wieder, wer wir sind, aber dieses Selbst ist noch nicht so ganz gefestigt. Der Platz in der neuen Welt ist zwar schon eingenommen, aber im Gewand des neuen Berufes, der äußeren und inneren Lebensform fühlen wir uns noch nicht ganz sicher. Da und dort ist noch einiges nicht ausgefüllt: Zu groß dünkt uns das Kleid, noch etwas zu klein die eigene Person dafür. »Ich war menschlich meiner herausragenden Position, in die ich so rasch hineingeraten bin, noch gar nicht gewachsen.« In dieser Situation sind manche meiner Interviewpartner genau den Menschen begegnet, die ihre eigenen Leerstellen ausgefüllt haben und eine erheblich prägende und stabilisierende Vorbildwirkung ausgeübt haben.

Frau Z. (47) schildert einen solchen Mentor in Gestalt ihres Chefs: »*Er hat mich damals fachlich wie menschlich sehr beeindruckt. Ich war ja noch eine blutige Anfängerin, sehr unsicher, hatte ja noch keine Berufserfahrung und mußte nach außen doch kompetent wirken. In der Art, wie er Probleme beurteilt hat, war er mir ein Vorbild. Es war nicht nur seine fachliche Befähigung, die ich bewunderte, sondern auch er als Mensch, so sicher, ruhig in der Ausstrahlung. Noch heute gibt es grundsätzliche Richtlinien, die ich von dieser Stelle für mich mitgenommen habe und die mir verbindlich geblieben sind.*«

Frau G. (38) schildert sich zur Zeit ihrer Ausbildung Anfang 20 als extrem schüchtern. »*Es gab da eine Lehrerin, die war mir als Mensch ein Vorbild. Durch sie bin ich dann auch sensibilisiert worden für Frauenfragen, und das ist bis heute ein wichtiger Anteil in meinem Leben und wird es auch bleiben.*«

»*Wenn ich an diese Zeit zurückdenke*«, sagt Herr C. (29), »*dann habe ich zwei prägende Figuren vor Augen. Es waren – obwohl sehr viel älter – Freunde und Elternersatz. Sie haben mir die Ablösung vom Elternhaus erleichtert. Zu der einen Person ist die Beziehung ganz auseinandergegangen. Aber zu der anderen Person besteht sie noch. Es war anfangs eine ungleiche Beziehung, obwohl ich ganz ernst genommen wurde. Jetzt ist es aber eine partnerschaftliche Beziehung, sie ist in eine Erwachsenenbeziehung übergegangen.*«

Mentor war der Freund des Odysseus, der für dessen Sohn Telemach als väterlicher Freund, Ratgeber und Erzieher fungierte. Ein Mentor ist ein erfahrener Ratgeber, Helfer und Anreger, ist auch Lehrer, Erzieher, Betreuer.

Identitätsstiftend und beispielgebend, anregend für die eigene Entwicklung, so wurden diese Menschen erlebt. Selbst noch unsicher und in ihrer Berufsidentität noch suchend, hat Frau Z. eine bis heute wirkende und bildende Orientierung gefunden. Frau G. erhielt diesen Entwicklungsanstoß eher im persönlichen und Wertebereich, während Herr C. besonders die Funktion als Vaterersatz bei der Ablösung als sehr hilfreich erfahren durfte.

Eine andere stellvertretende Elternfunktion erlebte Herr E. (32) auf seinem Lebensweg durch einen Chef, der für ihn ein ganz wichtiger Mentor wurde. *»Er ließ mir die Zügel frei, übertrug mir rasch Verantwortungen, und dies mit einem großen Vertrauensvorschuß: ›Der E. macht das schon!‹ Das Gefühl des Vertrauens hat mich unheimlich motiviert. Es war eine besondere Beziehung, mit Vater-Sohn-Aspekten. Ich habe innerhalb kurzer Zeit einen Riesensprung nach vorne gemacht.«*

Ich gehe ans Ruder

Herr P. (53) benutzte für seine Reflexionen ein Bild: Er verglich den Lebenslauf mit einer Schiffahrt. Das Symbol des Lebens, das Schiff, wird anfangs außengelenkt. »Vater und Mutter haben das Steuer in der Hand, früher oder später geht man selbst ans Ruder.«

Leben wird nun als Gestaltungsaufgabe begriffen. Die Außenlenkung geht über in die Innenlenkung; aus Fremderziehung wird Selbsterziehung. Psychologische Verselbständigung heißt: Ich übernehme zunehmend die Verantwortung für mein eigenes Leben. Es bildet sich langsam und auch über Jahre ein Bewußtsein dafür heraus, daß Leben nicht nur gelebt, sondern auch gestaltet werden will und muß. Charlotte Bühler spricht 1933 in ihrem grundlegenden Buch zum menschlichen Lebenslauf als psychologischem Problem vom Gestaltungszwang der menschlichen Existenz. Lebensentscheidungen können »passieren«, so wie wir es von Frau E. gehört haben, sie können noch längere Zeit Folgen äußerer Konstellationen sein, aber zunehmend wird deutlich: »Ich will nicht Spielball äußerer Faktoren sein, ich will Kompetenz und Selbstbestimmung entwickeln, ich will selber ans Steuer.«

Leben als Lebensgestaltung war auch schon ein Thema in der Pubertät. »Ich lebe, was ich phantasiere« heißt nichts anderes als: Ich träume mich in Lebensformen hinein, ich agiere in der Fiktion, ich lebe in der Phantasie auf Probe, ohne die Konsequenzen des Ernstfalls tragen zu müssen. Jetzt – im frühen Erwachsenenalter – ist die Ernstsituation da, das Probehandeln soll und muß überführt werden in reales Handeln, aus der Fiktion wird Ernst. Ich fühle mich herausgefordert zu Entscheidungen, deren Konsequenzen mich nun real betreffen.

Zu Entscheidungen aufgerufen zu sein gibt das Gefühl von Ich-Stärke und Befähigung: Ich darf und ich kann wählen und Alternativen ausscheiden. Zugleich heißt dies aber auch: Ich muß entscheiden, ich muß einen Standpunkt beziehen, weniges verfolgen, einiges ausschließen. Sind meine Entscheidungskriterien durchdacht und tragfähig? Selbstzweifel werden aktiviert, Unsicherheiten greifen Raum, noch ist der Erfahrungsspielraum klein, beschränkt sind die Entscheidungshilfen, die herangezogen werden können, und doch: Ich muß mir Entscheidungen abfordern, denn nur in diesem Müssen liegt die Möglichkeit zur Entwicklung. Zwar kann ich weiter Spielball sein, mich treiben lassen, mich zufällig auf Straßenzügen bewegen lassen, oder: Ich ringe mich durch zu einer sicher vorläufigen, vielleicht falschen Richtung, die sich womöglich sogar als Sackgasse erweist, aber ich habe der Entwicklungsaufgabe Folge geleistet und meinen Kurs selber bestimmt. Hat er mich auch in einen Sturm geführt, so war es meine Entscheidung, für die ich die Verantwortung übernehme. Der Erfahrungshorizont verbreitert sich, und an jeder Weggabelung spüre ich vermehrte Sicherheit: Ich kann zunehmend auf mein Gespür vertrauen, meine Intuition hat sich geschärft, mein Urteil ist fundierter und differenzierter. Das Steuer, erst noch zaghaft ergriffen, wird nun von festerer Hand geführt.

Frau F. (40) schildert das so: *»Anfang 20 stand ich vor einem offenen Raum und wußte nicht, wohin. Es hat mir zu schaffen gemacht, bis ich merkte, das ist zwar eine negative Situation, aber ich kann ihr Positives abgewinnen. Der große Spielraum gibt die Möglichkeit, Erfahrungen zu machen. Ich konnte ausprobieren und Sicherheit gewinnen. Ich merkte, was es heißt, selbständig zu sein, und ich bin auf die Welt gekommen. Es war eine sehr intensive Zeit, aber ich habe das sehr genossen.«*

III. Ein Platz ist gefunden

Erfolg und das Leben nach außen

Selbstzweifel und Unsicherheiten, die noch die Phase des Aufbruchs begleitet haben, treten nun zunehmend zurück. Potenz, Aktivität und Zukunftsorientierung gründen nicht mehr nur auf dem Siegfried-Wahn. Die konkreten Berufs- und Daseinsanforderungen stärken echte Ich-Kräfte. Es muß weniger kompensiert werden, aber immer noch genug. Zunehmende Sicherheit bewirkt begründeten Optimismus und ausgestaltete Zukunftspläne. Erfolg und Bestätigung stimulieren die schon vorhandene hohe Einsatzbereitschaft noch weiter. »Ich bin der, der das macht. Ich wollte gut sein, und ich war auch gut. Ich hatte den Eindruck, etwas bewegen zu können, und verfolgte das mit vollem Einsatz. Die äußere, machbare Realität, der Aufbau, das stand damals im Vordergrund.« – In solchen Aussagen kommt das Motto dieser Zeit zum Ausdruck: Meisterung der Außenwelt. Für eine Reihe von Menschen, für Männer wie für Frauen, geschieht dies sehr stark prägend über die Berufs- und Arbeitswelt. Außenwelt ist die Welt, in der Leistung, Status, Erfolg zählen, und das Mittel dazu ist der berufliche Einsatz. Diese Schiene wird erkannt und besetzt, sei es aus eigenständiger Motivation oder durch familiären Einfluß, manchmal erklärtermaßen, häufig auch verdeckt und unbewußt reproduziert. Berufliche Weiterentwicklung und Kompetenzentfaltung als eigenständige Motivation dienen dann weniger als Mittel zum Erfolg, sondern als Meilensteine der Persönlichkeitsentwicklung. Der deutliche Drang zur Bewährung ist das Mittel zur Selbstentfaltung.

Noch heute strahlt Frau Z. etwas von dem damaligen Feuer und Impetus aus, wenn sie erzählt: »Ich merkte bei meiner ersten Stelle sofort, da bist du am richtigen Platz!

Ich konnte den Anforderungen genügen und sah soviel Neues und Spannendes. Das alles war zu erreichen, und ich wußte, daß ich es konnte.«

Grenzen werden zunehmend gesucht, Möglichkeiten ausgelotet, Erfahrungsspielräume ausgedehnt, Anforderungsprofile erweitert, um noch genauer sagen zu können: Das bin ich!

Die Partikularisierung des Selbst, wie Gene Bocknek das 1986 in seiner Sicht der Entwicklung junger Erwachsener nennt, steht nun an als Entwicklungsaufgabe. Noch genauer, noch reiner soll wahrgenommen werden, wo Möglichkeiten und Fähigkeiten liegen. Das global überschätzende, positivistische Selbstbild aus der Zeit des Aufbruchs muß Ergänzungen erfahren. Negative Faktoren dürfen nun nicht mehr so einfach ausgeblendet werden. Noch geht es dabei aber zentral um die Themen Können und Leistung. Die Urteilsfähigkeit wächst, die Einschätzung innerer und äußerer Sachverhalte wird abgewogener, angemessener. Kritik von außen kann nun eher sachlich akzeptiert werden. Sie bedroht nicht mehr in gleichem Ausmaße das Gesamtgefüge des Menschen. Aber noch immer liegt hier ein heikler Punkt.

»Liebe und Anerkennung« als Zielvorstellungen machen verwundbar. Das alte Alles-oder-Nichts-Denken lauert noch lange im Hintergrund; Kritik wird noch gerne mit pauschaler Ablehnung der Gesamtperson verwechselt. Partikularisierung des Selbst heißt zu verstehen, daß Daseinsgeschehnisse nie mich in meiner Totalität betreffen, sondern immer nur Teilaspekte meiner Person. Die narzißtische Besetzung der eigenen Person weicht langsam einer sachlichen Wahrnehmungs- und Beurteilungsfähigkeit. In der Berufswelt sind – nicht immer, aber unter idealen Bedingungen – die Voraussetzungen gegeben, die mir zu dem besprochenen Partikularisierungsprozeß verhelfen.

Herr N. spricht sogar von einer Lebenswende durch die beruflichen Herausforderungen: »Da entwickelte ich endlich klare Leitlinien und wußte, was ich wollte.«

Es sind dies die vielfachen Feedbacks expliziter und impliziter Art, die uns zunehmend genauer die zentrale Frage »Was bin ich?« beantworten lassen. In diesem Altersabschnitt gelingt die Integration fachlich-sachlicher Rückmeldungen schnell und problemlos. »Beruflich durchaus gewachsen, menschlich noch stark überfordert«, war mehrfach von den Befragten zu hören. Leistungsaspekte gehen eben nicht so ans Lebendige, bleiben an der Oberfläche, vermögen daher weniger zu bedrohen und aus dem Gleichgewicht zu bringen. Es braucht noch eine Zeit der Reife und Fundierung, bis das auch für die leibnahen Persönlichkeitsanteile gilt.

Wer Arbeit nur als Mittel zum Zweck sieht, verpaßt die Entwicklungschance zur Partikularisierung des Selbst. Dann geht es eben nicht mehr um das Ausloten der eigenen Grenzen, sondern nur um den Erwerb von Geld, Status und Erfolg. Der Einsatz, das persönliche Streben dienen dann nicht der Sache, sondern der narzißtischen Befriedigung. Erfolgs- und statusorientiert wird das betrieben, was nützt und weiterbringt. Rückmeldungen werden da nicht als Aufbauelemente für die Person, sondern als Mosaiksteine für die Karriere benutzt. Die Außenorientierung kann so extrem und dominierend verfolgt werden, daß die Wahrnehmung der eigenen Person zu kurz kommt. In diesen Fällen wird der Mensch zum Leistungsträger und zum Funktionsobjekt: Er weiß nicht oder nur sehr unzureichend, was er ist und kann, er weiß aber höchst genau, was er sein und können muß, um seinen externen Zielsetzungen genügen zu können.

Frau P. hat es unmißverständlich formuliert: »*Mein erstes Ziel war, möglichst rasch möglichst viel Geld zu verdienen.*

Ich wollte jemand sein, suchte Ansehen und Bewunderung. Das Ausleben des Ambitiösen in mir, das war es damals. Man könnte auch sagen, akzeptiert zu werden, das war so ein Motto in dieser Zeit. Anerkennung und Liebe zu erhalten, das waren große Bedürfnisse für mich. Dafür hätte ich viel gemacht und habe es auch.«

Eine solche Ausrichtung auf externen Erfolg und Anerkennung behindert nicht nur Entwicklung, sondern verbiegt sie sogar durch eine Anpassungsleistung gegen die eigene Person. Den eigenen Entwicklungstendenzen und -möglichkeiten zum Trotz muß die narzißtische Bestätigung verfolgt werden, um die noch unsichere Person äußerlich zu stützen. In einem solchen Fall wird die persönliche Herausforderung zur Partikularisierung momentan als noch zu belastend aufgeschoben. Das Beispiel von Frau P. und andere zeigen aber, daß unerledigte Geschäfte sich nicht von alleine erledigen, sondern später zur Bearbeitung wieder anstehen. Es gilt das Wort von Herrn P. als Quintessenz: »Was man nicht vorbereitet hat, das muß man nachbereiten.«

Status und Erfolg sind wichtige positive Verstärker für Leistung und Einsatz. Leistung ohne solche Verstärker zu erbringen erfordert eine bereits sehr autonome Persönlichkeit, die sich aus sich selbst heraus motivieren und verstärken kann. Diesem Anspruch in frühen Lebensjahren zu genügen gelingt nur ganz wenigen. Die externen Belohnungen sind für uns alle wichtig, um auf dem Weg zu bleiben. Sie sollen und dürfen unterstützen, entgelten, Durststrecken versüßen, besondere Mühsal erträglich werden lassen, aber sie dürfen sich nicht verselbständigen: Sie müssen Mittel zum Zweck bleiben.

»Das Ausleben des Ambitiösen«, nannte Frau P. diese Phase. Ihr Ehrgeiz hatte sich verselbständigt. Obwohl sie damals bereits nach anderen Orientierungen suchte, konnte sie auf die Stimulation von Geld und Einfluß noch nicht verzichten – es mußte erst ausgelebt werden. Ihr Gespür, daß das nicht alles sein könne, ist dabei aber nicht verlorengegangen und hat sie schließlich zu anderen Motivationen geführt.

Eine Lebensführung aber, die aus den begleitenden narzißtischen Erhöhungen alleinigen und bleibenden Zweck und Sinngebung macht, verfehlt die Entwicklungsaufgabe, nämlich: über die Behauptung des Platzes die Ich-Findung im Bereich Wissen und Leistung zu verfolgen.

Auch ein Weg: Kompensieren – Frau P.

Wir haben Frau P. im letzten Kapitel schon gehört mit den markanten Aussagen: Geld verdienen, jemand sein wollen, das Ambitiöse ausleben, Anerkennung und Liebe erhalten. – Das waren ihre Triebfedern im frühen Erwachsenenalter. Woher kommen solche Orientierungen?

Frau P. stammt aus einer geordneten Unterschichtfamilie, der Vater Arbeiter, die Mutter Hausfrau im 6-Personen-Haushalt. Frau P. war immer schon schulisch interessiert, fand aber in ihrem Milieu wenig Unterstützung. So blieb nach der Sekundarschule nur der Weg in die Lehre. Weitere schulische Investitionen erschienen bei einem Mädchen, das sowieso heiraten würde, sinnlos. Während der Lehre entwickelte sich eine Hautkrankheit, die als nervös eingestuft wurde. Frau P. wollte anderes, wollte mehr, fühlte sich buchstäblich in ihrer Haut nicht mehr wohl. Sie wollte raus aus ihrem Umfeld, in dem sie sich in ihren Grundorientierungen nicht verstanden fühlte. Was sagt sie über ihre Situation damals?

»Mein erstes Ziel war: möglichst rasch möglichst viel Geld verdienen und jemand sein. Dafür hätte ich viel gemacht und habe es auch.«

Wie viele andere Frauen, mit denen ich sprach, ging auch Frau P. zuerst einmal zu Sprachaufenthalten ins Ausland. Zurückgekommen, suchte sie über Gelegenheitsjobs ihren Einstieg. Sie blieb in einem Ingenieurbüro für Industrieberatung hängen. Und dazu findet sie heute das Wort »mißbraucht«. Rückblickend wird ihr deutlich, wie sie in ihrem Arbeitseinsatz ausgebeutet wurde. Sie war ja darauf angewiesen, jemand zu sein: die geschätzte, unverzichtbare und entsprechend gut bezahlte Kraft. Nein zu sagen hätte dies alles gefährdet. Also galt es zu schlucken, sich anzupassen, zu akzeptieren. Endlich zu spüren, daß man etwas kann, Ehrgeiz zeigen zu dürfen und darin noch Herausforderung und Unterstützung zu erhalten – eben jemand zu sein: »Dafür hätte ich viel gemacht und habe es auch.«

Frau P. mußte in erheblichem Ausmaß kompensieren, was ihr an geistiger Unterdrückung und an Minderwertigkeitsgefühlen aus ihrer frühen Kindheitssituation erwachsen war. Um jemand nach außen zu sein, mußte sie sich in besonderem Maße anstrengen, Einsatz und Leistung erbringen, Anpassungen vornehmen. Für sie selbst habe es damals keinen Raum gegeben; man habe ihr keinen gelassen, und sie durfte ihn sich auch nicht nehmen: »Die äußeren Ziele hatten mich geknechtet.«

Frau P. hat einen Grundkonflikt besonders stark durchlebt, der uns alle betrifft: die äußere Anpassung.

Ich bin, was ich lebe – unter dem Diktat des »Man«

Das Leben nach außen erfordert Anpassungsleistungen, die oftmals gar nicht als solche wahrgenommen werden. Achtung, Erfolg und Status, Bewunderung und Anerkennung, das kommt nicht von ungefähr, es braucht Einsatz. Zum einen den Willen zum Erfolg, zum anderen aber auch die Identifikation mit denen, die mir zu Status verhelfen können, und mit denen, die mich anerkennen und bewundern sollen. Die Rolle des Exoten ist möglich, aber mit Risiken behaftet. Sicherer gelingen Aufstieg und Platzsicherung auf den allgemein akzeptierten Bahnen. Brüskieren, allzu originell sein, dem Zeitgeist allzu weit voraus oder hintendrein – das verschafft zwar eine besondere, aber durchaus keine prestigeträchtige soziale Position. »Mit den Wölfen heulen muß, wer im Wolfsrudel Aufnahme finden will.« Diese Sentenz wird gerne von dem aufgegriffen, dem Status nicht mehr nur Mittel, sondern Zweck ist. Er richtet seine Identität an der Norm aus, ist das Gewünschte und Geschätzte und eine ganz kleine Spur mehr, um als herausragend wahrgenommen zu werden, jedoch auch nicht zu viel, um noch dazuzugehören. Es gibt dieses knallharte Kalkül mit der Norm, es gibt diese Anpasser, die an ihrer Identitätsverbiegung und -verleugnung nicht leiden, weil sie den Kern ihrer Person gar nicht wahrnehmen und fälschlicherweise die Summe des »Man« mit ihrer Identität verwechseln. Sie können so leicht und schmerzlos dem goldenen Kalb namens »Man« genügen, weil das In-Sein ihre Identität bedeutet.

Es gibt aber auch andere Anhänger des »Man« – und das sind sicher die meisten. Auch sie wissen: Wenn man tut, was »man« tut, liegt man nie falsch. Mit einer Meinung, mit einer Lebensform, die allzu weit weg ist von der Durchschnittsnorm, exponiert man sich, bietet die ungeschützte Breitseite, setzt sich Kritik und Angriffen aus. Da ist das »Man« eine Hilfe und ein Schutz. Unter dem Deckmantel der Anpassung kann und darf ich mich so lange verstecken, bis ich stark genug bin, um der Norm zu trotzen.

Viele erleben in dieser Frage eine persönliche Diskrepanz, an der sie sich reiben. Da ist auf der einen Seite der Wunsch und das Bedürfnis, den gefundenen Platz zu behalten, die eingenommene Position zu erweitern. Expansion und Partikularisierung der Person drängen auf ein Leben in der allgemeinen Norm. Gleichzeitig wird auch das Masken- und Rollenhafte der eigenen Existenz gespürt. Die Einengung durch das »Man« drückt und lähmt.

So hat es Frau U. (43) erlebt: *»Ich war geprägt von Rollenbildern und Normvorstellungen, wie maskiert. Mein eigener Wert kam von außen, fremde Vorstellungen waren von mir total internalisiert – einfach stark rollengeprägt. Ich habe auch eine eingeengte Optik gehabt, nie in die Zukunft geschaut, weil ich keine Kraft gehabt habe, gegen Normen anzugehen.«*

Ein starkes Bewußtsein für diese Problematik zeigt auch Herr B. (30): Er will die Schiene Beruf / Karriere verfolgen, ist deutlich aufstiegsorientiert und will gleichzeitig noch etwas bewegen, ist seinen Idealen verpflichtet. Ein bloßer Anpasser zu werden wäre für ihn die negativste aller möglichen Entwicklungen. So bewegt er sich dauernd auf einer anstrengenden Gratwanderung: Was verträgt es noch an Abweichung, wo werde ich mir untreu?

Herr C. hat in diesem Konflikt bereits entschieden. Das »Man« seiner Familie hat ihn lang begleitet und ihm die Wege gewiesen. Bei seiner Berufswahl war schon klar, was man als Mann in seiner Familie zu tun habe. Damit begann für ihn eine längerdauernde Phase der Unsicherheit: Auf der einen Seite der Normendruck (er sollte eine akademische Ausbildung machen), auf der anderen Seite seine immer stärker werdenden Impulse zur Selbstbestimmung, bis er wußte, daß die Anpassung ihn grundsätzlich seine Selbstachtung kosten würde. Heute, mit 29 Jahren, ist er stolz auf das, was er sich hat erkämpfen müssen.

Die Herausforderung zur Selbstbestimmung durch das »Man« ist ein wesentlicher Aspekt. Partikularisierung als Entwicklungsaufgabe kann nicht im luftleeren Raum geschehen. Nebst beruflichen Anforderungen, den Rückmeldungen und externen Signalen setzen auch die kulturell und gesellschaftlich sanktionierten Lebensformen diese Art von Grenzen, die ich brauche, um mich wahrzunehmen. Der Begriff des »Man« verweist antagonistisch zurück auf das »Ich«: Wenn man sich so verhält, wie verhalte dann ich mich? Konform oder konträr, ganz oder partiell? In der Auseinandersetzung damit gewinne ich wiederum persönliches Profil. Wieder begleitet uns ein wohlbekanntes Problem. Schon in der Pubertät haben wir uns an den Normen gerieben. Dann glaubten wir unseren Platz gefunden zu haben und merken schon wieder, auch hier Anpassungen, Einschränkungen, Druck von außen, Akzeptanz über Wohlverhalten. Die brüske Absage ist aber nun nicht mehr der Weg, sondern die Gratwanderung, die uns z. B. Herr B. veranschaulicht hat.

In dieser Auseinandersetzung ist auch zu hinterfragen: Ist Anpassung ein Unwert an sich? Strukturen haben über ihre leitgebende und sicherheitsvermittelnde Aufgabe hinaus immer auch die Funktion, Leben und Zusammenleben zu erleichtern. Der Anspruch, alles jederzeit bis auf den Punkt auszudiskutieren, hat ebenfalls noch einen pubertär-fundamentalistischen und rigorosen Anstrich. Ein Stück Entwicklung und Reife zeigt sich auch darin, sich problemlos und ohne Furcht vor Gesichtsverlust in angepaßten Bahnen zu bewegen. Das Überziehen einer Position zeigt immer auch noch eine starke narzißtische Besetzung an. Die fortschreitende Differenzierung macht klarer bewußt: Das sind marginale Aspekte, da kann ich dem »Man« seinen Tribut zahlen, ohne vor mir rot zu werden, und da spüre ich die Unechtheit meiner Rollen und Masken, die es gilt, langsam fallen zu lassen.

Die Phase des »Man« gehört zum Leben. »Das Ambitiöse ausleben«, formulierte Frau P. Das Stichwort von Frau Z. ist »Konsumphase«: *»Ich habe damals gerne teure Sachen gekauft. Damit fühlte ich mich sicher und anerkannt. Sie waren ja auch das Zeichen dafür, was ich geleistet hatte und wieweit ich es gebracht hatte. Es war mir unangenehm, z. B. in dreckiger Wanderkleidung in ein besseres Restaurant zu gehen. Ich fühlte mich dann anders angesehen, verächtlicher, abwertend, das hat mir damals Mühe gemacht.«*

Wesentlich ist, daß das Leben mit dem »Man« eine Phase ist und später noch anderes zum Tragen kommt. Denn der Anspruch, immer nur bei sich und den zentralen Werten zu sein, hat ebenfalls einen solchen postpubertären Einschlag. Zum Sein gehören auch die äußeren Aspekte, der Schein, das Leichte, Schöne, das Ästhetische, das Genußreiche, das Wohlsein, das Ausblenden von Negativem. All das darf und soll auch gelebt werden zur Verselbständigung der Person. Dem äußeren Schein darf Raum gegeben werden, besonders in dieser Lebensphase, wo das Motto heißt: Meisterung der Außenwelt.

Ich habe mich entschieden – Bindung als Aufgabe

Zwei Stimmen veranschaulichen, was auch noch ansteht nebst der Ausweitung der Erfahrungswelt: Das »Heim« zu finden.

»Ich habe lange Zeit immer dies und jenes gemacht, wollte mir immer alle Möglichkeiten offenlassen. Jetzt ist es langsam Zeit, mich festzulegen. Ich wohne immer noch zu Hause. Möchte z. B. mal eine eigene Wohnung, meinen eigenen Stil. Ich muß mich mal für etwas entscheiden« (Frau D., 27).

Herrn K. haben wir kennengelernt als Menschen, der bis weit in die 20 hinein einen jugendlich-experimentierenden Lebensstil verfolgte. Gegen Ende dieses Lebensjahrzehnts sieht er sich herausgefordert zu folgenden Entwicklungsschritten: »Den Weg festlegen, die Basis schaffen für die Zukunft, Beziehungen vertiefen und Verantwortung übernehmen.«

Erik H. Erikson hat in seinen Schriften zu Kindheit und Lebenszyklus (1968/1988) als eine von acht Phasen die Entwicklungsaufgabe der Intimität formuliert. Sie konfrontiert erneut mit einem grundlegenden psychologischen Thema, dem von Distanz und Nähe.

Die intensive Nähe zu den primären Bezugspersonen der Kindheit ist in eine deutliche Distanzierung während der Pubertät übergegangen. Auch Aufbruch, Selbstfindung nach außen, Annahme und Bewährung von Herausforderungen, Einbinden gemachter Erfahrungen in das Selbstbild – diese Schritte verlangen ebenfalls ein gewisses Maß an Distanz zu anderen Menschen, an Vereinzelung, Selbstbezogenheit bis hin zu Egoismus. In der Absetzung von anderen, in Konkurrenz- und Wettbewerbssituationen vollzieht sich diese Art von Selbsterfahrung, die kennzeichnend ist für das junge Erwachsenenalter. Immer noch weitgehend Siegfried, geht es ja um Selbstdurchsetzung und Platzbehauptung. Dies führte zu einer weiteren Differenzierung der Person, verlieh eine erste Sicherheit jenseits von Kompensationen. Die alleinige Weiterführung dieser Entwicklungslinie mündet jedoch in Vereinzelung und Isolierung. Gleichzeitig dazu melden sich deshalb Wünsche an, den gefundenen Platz zu teilen und ihm in einer bleibenden Beziehung eine vertiefte Dimension zu geben. Trainiert in der Abgrenzung, stellt das Zulassen großer Nähe eine neue echte Herausforderung dar.

Längst haben verschiedene Beziehungen die Biographie begleitet, ist vielleicht der Lebens- und Ehepartner gefunden und formell angebunden. Doch ist damit nichts darüber gesagt, inwieweit Intimität zugelassen werden kann.

Nähe und Vertrautheit werden gerne verwechselt mit Verschmelzen und Ineinanderaufgehen. Was Jürg Willi in seiner »Zweierbeziehung« 1975 als die narzißtische Kollusion beschreibt, steht am Anfang jeder Liebesbeziehung: Ein Leben ohne den Partner scheint sinnlos, nicht lebenswert; vollständig, erst eigentlich als ganzer Mensch erlebe ich mich nur in Gegenwart des Partners. Alles Sinnen und Trachten zielt darauf, mit der geliebten Person zusammenzusein. »Liebe ist Einssein« und »Ich lebe nur durch dich und in dir.« Statt des eigenen Selbst wird das Beziehungsselbst gelebt: »Ich bin nichts, unsere Liebe ist alles.« Noch unfertig, unselbständig, schwach, dient der Partner zur Ergänzung und als Stabilisierung des eigenen Ichs. In der Verschmelzung nehme ich das Gegenüber auf, gehe in ihm auf und erweitere so meine Person. Harmonie, Erfüllung, Erhöhung, Stärkung – das alles erlebe ich in der Verschmelzung. Dieser pseudovollkommene Zustand kann nicht andauern. Nach der ersten Phase des Verliebtseins melden sich die Partikularinteressen der Partner; Aufwachen und Ernüchterung folgen unweigerlich. Zurück bleiben Einzelindividuen, die sich halbiert, kastriert, im Kern entflochten erleben und von daher die nächste Liebessituation und die erneute narzißtische Verschmelzung fast süchtig aufsuchen müssen. Die Bilder aus der Umwelt, die bleibende Harmonie und zwischenmenschliches Aufgehobensein vorspiegeln, das Nichtgeborgensein in einer komplexen, feindlichen Welt, eine noch verzögerte Persönlichkeitsentwicklung mit Bindungs- und Abhängigkeitswünschen – das sind die Ausgangsvariablen, die »Liebe als Verliebtsein« mit Intimität verwechseln lassen, die immer wieder auf die Suche gehen lassen und doch das Scheitern vorprogrammieren.

Von dem Grundgedanken, daß nur der geben kann, der er selbst ist und auch ohne Unterstützung lebensfähig ist, davon sind wir in diesem Alter meist noch recht weit entfernt. Und doch muß schon ein erster Schritt auf diesem Weg zurückgelegt sein, um Intimität leben zu können: eine Nähe zum anderen, in der ich mich nicht verliere, eine Vertrautheit, in der ich aber immer und jederzeit ich selbst bin, eine Form des Aufgehens im anderen, in die ich eintauchen kann, die mich aber entläßt. Liebe kann nicht Einssein bleiben, sondern ist immer Zweisamkeit. Die Sehnsucht nach der ungeteilten Geborgenheit mit der Mutter als Grunderfahrung jeder Bindung muß eine Sehnsucht bleiben. Nur ein Kern von Ich schafft diese regulierte Distanz, die Vertrautheit erlaubt und zugleich vor Ich-Verlust schützt. Benötige ich das Alter Ego, um überhaupt als Ego existieren zu können, wird Abgrenzung nicht gelingen. Anpassung bis zur Selbstaufgabe, besitzergreifende, zerstörerische Eifersucht sind Folge der existentiellen Verlassenheitsängste. Wer auf dem Weg zur Selbständigkeit schon ein Stück weit vorangekommen ist, kann freigeben und wird doch besitzen, nicht aufgrund von Anspruch, sondern durch freiwillige Bindung. Angst läßt flüchten, Freiheit gibt Heimat.

Partnerschaftssuche und das Leben in einer Beziehung kann noch lange Zeit mehr der Selbstfindung dienen als der Schaffung eines inneren und äußeren Heimes. Als Entwicklungsaufgabe zur Intimität formuliert Erikson die

Fähigkeit, mit dem Partner eine wechselseitige Beziehung einzugehen, in der Vertrauen geteilt werden kann, in der die Partner imstande und willens sind, die Lebenskreise der Arbeit, der Genitalität und der Erholung in Einklang zu bringen und sich der Aufgabe zu stellen, Kindern die Voraussetzungen einer befriedigenden Entwicklung zu schaffen.

Intimität hat nach unserem Sprachverständnis eine gewisse Einengung auf den sexuellen Aspekt von Beziehungen erfahren. Gemeint ist aber mehr: ein enges, vertrautes Beziehungsverhältnis, das zu einem Subjekt oder Objekt eine besondere Atmosphäre schafft. Ein intimes Verhältnis habe ich zu Menschen und Dingen, die mir nahestehen, den ersten Platz im Herzen einnehmen. Intimität heißt, eine Rangreihe von Nähe und Distanz auszubilden: dieses steht näher, jenes ferner. Die Forderung zur Intimität bedeutet, mir zunehmend klarer zu werden, wen oder was ich an meine innerste Haut heranlasse. Ich bin aufgerufen, die Dinge meines Lebens stärker zu gewichten. Habe ich bisher angehäuft, so geht es nun darum, eine erste Ordnung vorzunehmen: Dabei will ich bleiben, und dieses rückt in den Hintergrund. Der ausprobierende Lebensstil verabschiedet sich langsam. Diese Menschen, diese Tätigkeiten sollen die Basis meines weiteren Lebens sein.

Intimität beinhaltet Verpflichtung für eine weitere Zukunft. Nicht ein schnelles Ineinandertauchen, eine rasche Berührung, ein kurzfristiges gemeinsames Verweilen auf dem Weg ist gemeint, sondern die Bereitschaft zum Mittragen und zur Auseinandersetzung. Die Verbindlichkeit dieser Entscheidung drückte Herr C. so aus: »*Man kann nicht mehr so machen, was man will. Es hat aber auch etwas mit Tiefe zu tun. Ich will Wurzeln schlagen, innerlich und äußerlich, mit allen Vor- und Nachteilen.*«

Beziehung wird nun nicht mehr einfach gelebt und erfahren. Es wird deutlich, daß auch dieser Lebensbereich gestaltet und geformt werden muß. Die Verbindlichkeit wird teils einengend erlebt; ängstlich und unsicher macht die Frage: Halte ich die Nähe aus, bin ich der Belastung der Partnerschaft gewachsen? Und doch wird gleichzeitig gespürt, daß sich die Zeit ankündigt, in die Tiefe zu leben. Eine neue Herausforderung meldet sich an und will angenommen sein.

Ernst zu machen, zu dem Gewählten zu stehen, die Verantwortung daraus zu übernehmen und weiterzutragen – das folgt aus dem Schritt zur Intimität, und das hat Herr K. stellvertretend für viele andere Menschen sehr genau wahrgenommen und formuliert, nämlich: »Den Weg festigen, die Basis schaffen für die Zukunft, Beziehung vertiefen und Verantwortung übernehmen.«

Das gemeinsame Haus

Mit der Entscheidung zur Intimität beginnt die Konstruktion einer gemeinsamen Biographie. Zwei einzelne Lebensläufe gilt es jetzt zu verbinden und gemeinschaftlich weiterzuführen. Wieder ist nicht die Verschmelzung, eine Fusion, das Mittel der Wahl, sondern, bildhaft gesprochen, die Addition.

Die äußere gemeinsame Welt bildet sich – wie Jürg Willi 1991 in seinen Betrachtungen zur partnerschaftlichen Entwicklung das anschaulich und eindrücklich ausführt – durch das Zusammenfügen zweier Hausstände. Die »Stücke«, die jeder einbringt, bilden den Grundstock des Hausrats, der gemeinschaftlich ergänzt und aufgestockt wird und der vielleicht dereinst einmal ganz aufgebraucht und unter den gemeinsamen Dingen verschwunden ist.

Dabei zeigt sich: Das Ganze ist mehr als die Summe aller Teile. A und B ergeben als AB bereits eine individuelle Ganzheit. Dies gilt sowohl für den äußeren wie den inneren Rahmen. Im typischen intensiven Erzählen und dem Gedankenaustausch junger Verliebter findet die Addition, das A + B, statt. Die Denk- und Lebenswelten werden mitgeteilt, dem Partner veranschaulicht, als zentrale Stücke in die gemeinsame Biographie eingebracht. Als verbindendes Wissen geben sie den Boden ab, auf dem die gemeinsame Erfahrungswelt sich nun auszubauen beginnt. Wer bin ich, was denke ich, was habe ich erfahren, was will ich erleben? – das muß mitgeteilt sein, bevor das Wort »ich« durch das Wort »wir« ersetzt werden kann. Im Austausch geschehen Korrekturen und Angleichungen, formt sich die partnerschaftliche Denkwelt. Gemeinsame Erlebnisse und Erfahrungen werden nun fortlaufend einbezogen und bilden über Jahre das Haus der Partner. Intimität wird für Außenstehende spürbar in dem unausgesprochenen Verständnis, im Gleichklang von Tun und Denken bei langjährig eingespielten Partnern. Ohne Worte wird deutlich, daß sich hier zwei Menschen auf gleichem Boden bewegen. Dabei ist das innere Haus eines Paares durchaus kein Abklatsch von A in B oder eine Spiegelung von A zu B. Es ist eine gewordene Ganzheit aus identischen, ähnlichen, aber auch unterschiedlichen Elementen. Im gemeinsamen Haus gibt es mehrere Zimmer: die alten Kinderzimmer der Bewohner, ihre neuen privaten Ecken, ihre gemeinschaftlichen Zimmer und ihre Prunk- und Repräsentationsräume für die Darstellung nach außen.

Der an sich schon anspruchsvolle Hausbau erlebt einen besonderen Einbruch durch die Geburt des ersten Kindes. Als Lebensereignis mit besonderer Bedeutung, als Life-event erster Ordnung, stellt es spezielle Herausforderungen an die Bewältigungsfähigkeiten der Eltern und fehlt deshalb in keiner, auch wissenschaftlichen Beschreibung von Entwicklungsverläufen.

Was Intimität beinhaltet und leisten soll, zeigt sich jetzt. Das Kind schafft Klarheit darüber, ob die narzißtische Besetzung in echte Intimität überführt war oder ob die alten Anklammerungs- und Verschmelzungswünsche noch aktiv sind.

Wo stehen wir beim Hausbau? Sind wir noch im Chaos des Rohbaus, ist noch ganz ungeklärt, wieviel Zimmer unser Haus bekommt und wer welchen Raum darin erhält? Oder haben wir schon eine Festung errichtet, in der alle Räume mit starken Mauern voneinander getrennt sind, strikt verteilt und scharf bewacht vom jeweiligen Besitzer? Besteht noch die Möglichkeit zu einem Changement oder zu einem Anbau? Oder haben wir – kluge und vorausblickende Baumeister – auf »Vorrat« gebaut? Wobei nicht alleine der fehlende Platz, sondern auch der übrige Platz, der von keinem Kind besetzt werden will, massiv herausfordert.

Intimität heißt Bereitschaft zur Arbeit und Verpflichtung für die Zukunft. Das Kind ist Prüfstein für die eigene Entwicklung. Wenn Erikson formuliert: Nicht nur der Mann übe Vaterfunktion aus, sondern umgekehrt gelte dies genauso, das Kind übe Vaterfunktion für den Mann aus (wir ergänzen: auch Mutterfunktion für die Frau), so heißt das: Es ruft auf zu einer Entwicklung, die wir vielleicht vernachlässigt, noch unsorgfältig und unvollständig durchlaufen, noch aufgeschoben oder noch gar nicht wahrgenommen haben. Der gleiche Entwicklungsanstoß kann sich zwar auch aus anderen Quellen speisen. Wenn jedoch Kinder zur Biographie gehören, thematisieren sie, bzw. genauer das erste Kind, die Frage der Intimität – von Distanz und Nähe, von Geben, Nehmen, Teilen – zum Teil krisenhaft, auch bedrohend für die Partnerschaft.

Frau Z. erzählt: »*Ich wollte immer Kinder, das war mir ganz klar, daß das für mich zum Leben dazugehört. Für meinen Mann war das nicht so wichtig, aber er hatte nichts dagegen. Wir waren schon längere Zeit zusammen und hatten uns nach Anfangsschwierigkeiten gut arrangiert. Die Geburt des Kindes war ein totaler Einbruch in unsere Beziehung. Auf der einen Seite wußte ich, es war gut und richtig, ich hatte meine Bestimmung gefunden. Aber das Kind stand plötzlich zwischen uns. Die Zeit, die ich ihm widmete, ging der Partnerschaft verloren, und da spürte ich eine ganz große Eifersucht. Es ging eine ganze Weile, bis aus den drei Personen, die da miteinander und gegeneinander zogen und rangen, eine echte Familie geworden ist.*«

IV. Wo stehe ich?

War der erste Weg der richtige? – Herr J. und Frau Z.

Herr J. stammt aus einer mittelständischen Familie mit fünf Geschwistern. Die geordneten Familienverhältnisse haben Halt vermittelt und Beziehungsfähigkeit gestiftet. Menschen hat Herr J. immer als tragend in seinem Leben erfahren. Er verhehlt aber nicht, daß die familiären Normen und Bahnen für ihn auch Zwänge darstellten, die seine Entwicklung beeinflußten. Sein hohes ethisches Niveau, sein ausgeprägtes Verantwortungsbewußtsein sind seine Stärken, schränken seinen persönlichen Entfaltungsspielraum aber auch ein.

Der Lebensweg von Herrn J. verläuft geradlinig. Nach Primar- und Sekundarschule schließt er erfolgreich eine kaufmännische Lehre ab. Die nächste Stufe stellt der Abschluß auf einer höheren Fachschule dar. Dann erfolgt der Sprung in die Selbständigkeit. Beruflich voll integriert, aktiv, zufrieden und erfolgreich, wird für ihn aber immer deutlicher, daß er in seinem Lebensplan eine zweite Seite – die mitmenschliche – zu wenig wahrgenommen hat; er sucht nun Wege, diesen Bereich abzudecken. In der Folge korrigiert er seine Weichenstellung dahingehend, daß er die spezifisch kaufmännische Seite reduziert und dafür mehr Schulungs- und Führungsaufgaben übernimmt, die ihn näher an Menschen heranführen. Zu dieser Zeit war Herr J. Anfang 30. Als er jetzt darüber berichtet, ist er zehn Jahre älter und hat seinen Platz nochmals gewechselt. Die Konstellation vermochte ihn immer noch nicht zufriedenzustellen. Immer stärker traten die sozialen Anteile in seiner Person zutage. Nun arbeitet er ausschließlich in der Lehrlingsschulung.

Auch Frau Z. hatte von sich ursprünglich ein anderes Bild, das durch Lebens- und Berufserfahrung erweitert und korrigiert wurde. Sie schildert sich als aus der Art geschlagen.

In einem praktisch-bäuerlich fundierten Familienverbund war sie von Anfang an die »Intellektuelle«. Für sie gab es nicht viel zu suchen und auszuprobieren. Ihre Welt waren Wissen und Bücher; ihr Platz schien daher klar vorgezeichnet: Matura und Studium als Nahziele, akademische Karriere als Hochschuldozentin als Zukunftswunsch. Und auch dieser Weg wurde geradlinig und mit Befriedigung beschritten.

Anfang 30 hatte Frau Z. genügend Berufserfahrung gesammelt, um ein klares Zukunftsbild vor sich zu sehen: So könnte es also weitergehen; sollte es auch so weitergehen? Die Prämissen waren inzwischen andere geworden. Das Selbstbild der »Intellektuellen« hatte sich als zu eindimensional erwiesen. Die einseitige Lebensform ließ je länger, je mehr eine Leere zurück; Lebendiges wurde im Umgang schmerzlich vermißt.

Auch hier hatte erst die Erfahrung gezeigt, daß der gewählte Stuhl zu klein war. Frau Z. brachte mit 34 Jahren ihre Tochter zur Welt und schied während der Kleinkindphase ganz aus dem Berufsleben aus. – Ein Entschluß, den sie heute, 16 Jahre später, als den einzig richtigen qualifiziert.

Was ist bei Herrn J. und Frau Z. – ähnlich berichten auch andere Menschen – genauer vor sich gegangen?

Die erste Rückbesinnung

Beim Übergang ins dritte Jahrzehnt blicken wir bereits auf viele Jahre Lebens- und Berufserfahrung jenseits der Pubertät zurück. Wie immer wird der Eintritt in ein neues Jahrzehnt als besonderer Einschnitt erlebt. Das Gefühl ist unabweisbar: Etwas liegt nun hinter uns, und etwas Neues beginnt: erhofft, erwartet oder befürchtet. Immer an solch

»runden« Geburtstagen wird die Magie der Zahl spürbar. Zweifelsfrei bin ich die oder der gleiche, ob nun mein Alter mit einer 2 oder 3 beginnt – und doch auch nicht mehr gemäß einem schwer faßbaren, unbestimmt veränderten Selbstgefühl.

Reflexion als Thema steht nun an, und dies nicht nur anläßlich des 30. Geburtstages. Rückbesinnung setzt nun bei vielen Menschen ein: Sie nehmen sich etwas mehr selbst in den Blick.

Die Reflexion zum Thema »Wo stehe ich?« führt zu weiteren offenen Fragen:

– Was ist aus meinem Aufbruch geworden?
– Wie steht es mit meinem ersten Lebensplan?
– Was ist von meinen Wünschen, Hoffnungen, Träumen realisiert, was offen?

Und tiefergehend, persönlicher:

– Was ist bisher aus mir geworden?
– Was wollte ich als Mensch, und wie weit bin ich damit gekommen?

Und letztlich im Hinblick auf die Zukunft:

– Und nun?
– Wie soll es weitergehen mit mir und meinem Leben?

Hören wir, was Menschen darauf antworten.

»Ich war selbstkritisch und fremdkritisch, auch selbstbewußt, aber doch innerlich unsicher. Das führte zu Überreaktionen und Überkompensationen. Heute ist das alles auch noch da, aber runder, abgeschliffener. Ich bin offener geworden, breiter und selbständiger, vernünftiger, weniger idealistisch. Ich will jetzt aus einer mehr pragmatischen Haltung heraus etwas bewegen.«

»Mit 20 war meine Sicht noch sehr eng, recht egoistisch. In einer gewissen Unbekümmertheit hatte ich auch wenig Verständnis für andere Menschen, andere Lebensformen. Mit 30 war ich in allem zielgerichteter, hatte klarere berufliche Ziele, klarere Vorstellungen, was ich bin und was ich will. Meine Energien sind jetzt zielbewußter, tendenziell mehr kanalisiert. Ich habe mich besser kennengelernt und kann auch besser mit Situationen umgehen.«

Das waren Stimmen von Männern. Wie formulieren Frauen ihren erreichten Entwicklungsstand?

»Für mich gab es zwischen Mitte und Ende 20 eine Wende. Ich bin aus der heilen Welt aufgewacht. Habe mehr in die Tiefe gelebt. Die Lebenserfahrung hat mir auch die dunkle Seite von mir und vom Leben gezeigt. Da begann ich um mich zu blicken, Neues zu entdecken. Dazu hat man erst den Mut, wenn man schon jemand ist.«

»Mein Thema Nähe und Angst davor hat mich während dieses Lebensjahrzehnts begleitet. Ich hatte diverse Krisen, die ich mit Abbruch und Weggehen löste. Der Versuch, mich dem zu stellen, scheiterte. Ich war ca. 30, als ich mit einer Therapie begann. Mit 22 war die Zeit dafür noch nicht reif. Später hatte ich mir im Beruf und durch den Freundeskreis genügend Sicherheit und Stabilität dafür erworben.«

In den Voten wird deutlich, daß ein Weg zurückgelegt ist. Es ist eine Bestimmung möglich, wie und in welcher Richtung Veränderung stattgefunden hat. Von überwundenen Unsicherheiten hören wir, von zunehmender Selbständigkeit und Sicherheit, gewachsenem Zutrauen, klareren und vernünftigeren Zielsetzungen. Schön ist das Bild einer abgerundeten Person, durch das Leben sind störende Ecken abgeschliffen, jedoch ist die Form immer noch unverwechselbar individuell.

In diesen Beurteilungen sind die Zielsetzungen des dritten Lebensjahrzehnts erreicht. Der Erfahrungszuwachs hat Differenzierung bewirkt, eine unabhängigere, realitätsadäquatere Grundhaltung ist gewonnen.

Der Übergang in das vierte Lebensjahrzehnt dient zu einer ersten Bilanzierung. Aus dem Festgestellten können, müssen aber keine Konsequenzen resultieren. Die gewonnene Lebenserfahrung soll Klarheit schaffen für das, was als nächstes angestrebt wird. Die Fixierung zukünftiger Nahziele profitiert von der differenzierten Selbstwahrnehmung und der verbesserten Kritikfähigkeit. Häufig ergeben sich daraus diskrete, aber wichtige Kurskorrekturen.

So z. B. bei Frau L. (30): Die gelernte Kinderpflegerin verspürte seit etwa einem Jahr zunehmend eine berufliche Unzufriedenheit. Sie fühle sich durch die Routine etwas erstarrt in den immer gleichen Arbeitsabläufen, leide unter Langeweile und denke deshalb an einen Berufswechsel. Die genaue psychologische Abklärung ergab jedoch, daß Frau L. ihren Beruf an sich unverändert positiv bewertet und auch in ihrem Fähigkeitsspektrum eine sehr gute Übereinstimmung damit aufweist. Sie besucht jetzt einen spezifischen Fortbildungskurs. Die erweiterten Kompetenzen entsprechen besser ihrer erreichten persönlichen Reife und lassen sie wieder Befriedigung in der Arbeit erleben.

Das Beispiel ist typisch: Gut etabliert und routinemäßig gefestigt in ihrem Beruf, stellte sie sich die Frage: Und jetzt so weiter, auf unabsehbare Zeit? Eine neue Weichenstellung sorgte für eine Korrektur und Anpassung des gewählten Lebenslaufs ohne grundlegende Kursänderung.

Die Ausgangssituation von Frau M. (38) war ähnlich. Aus familiärer Tradition und durch eingeschränkte Wahlmöglichkeiten in den Pflegeberuf hineingewachsen, stellte auch sie zunehmende Unzufriedenheit fest. Die Jahre im Spital haben sie klar ihre intellektuelle Unterforderung erkennen lassen. Mühe mit der Hierarchie und Autonomiekonflikte forderten sie Anfang 30 zu einer Entscheidung heraus. Sie erwarb im Abendstudium die Matura und steht nun vor der Aufnahme eines geisteswissenschaftlichen Studiums.

Diese beiden Beispiele haben Richtungsänderungen im Bereich von Animus und Anima aufgezeigt. Die auf C. G. Jung zurückgehenden Begriffe stehen für die weiblichen (Anima) und männlichen (Animus) Geist- und Gefühlsanteile in uns, die wir alle, ungeachtet unseres biologischen Geschlechts, verschieden gewichtet in uns tragen. Welche Anteile davon wir ausleben, in unsere Lebenswirklichkeit einfließen lassen, hängt auch von unserem Entwicklungsstand ab und kann charakteristisch wechseln.

Frau L. und Frau M. lebten in ihrem pflegerischen Beruf besonders Anima-Anteile aus: sorgend, betreuend, zugewandt, annehmend. In der ersten Rückbesinnung wurden für sie die bisher vernachlässigten intellektuellen Antriebe wichtig. Diese sollten nun stärker zum Zuge kommen. Beide fanden zu einer ausbalancierten, neuen Orientierung: Frau L. mit einem vergrößerten Animus-Anteil, Frau M. mit einem neuen Animus-Schwerpunkt.

Eine vergleichbare Ausgangssituation unter gegensätzlichem Vorzeichen erlebten Frau P. und Frau Q. Sie spürten um die 30 ein Defizit an Lebensbestätigung im Sinne der Anima. Das war ja auch die Situation von Frau Z.

Frau P. beschrieb sich während ihres dritten Lebensjahrzehnts als »tätige Realistin«: allein an der Außenwelt und ihrer Bewältigung interessiert. Anfang 30 – die biologische Uhr tickte nun schon hörbar – wurde für sie das »Frausein« zum Thema. Es gab bei ihr einen »Umbruch ins Weibliche«. Obwohl als unfruchtbar diagnostiziert, hatte sie Phantasien und Träume um das Thema Schwangerschaft und wurde Anfang 30 zum erstenmal Mutter.

Auch Frau Q. berichtete über eine radikale Kursänderung um diese Zeit. Mit der Geburt ihrer Kinder habe für sie ein zweites Leben angefangen.

Eine Wende – Frau S.

Frau S. ist 40 Jahre alt. Mit ihren kurzen blonden Haaren, dem lustig schwingenden Ohrring mit Federn, ihrer farbenfrohen und unkonventionellen Kleidung wirkt die kleine und sehr zierliche Frau fast mädchenhaft jung. Es ist aber nichts Scheues und Unsicheres in ihrem Wesen; sie tritt bestimmt auf und weiß, was sie zu sagen hat. Das Gespräch verläuft sehr lebhaft; mit Frau S. kann man laut lachen, lächeln, aber auch besinnlich werden. Und das ist ihr Werdegang:

Aufgewachsen ist sie in einem kleinen Dorf, in einem engen, ländlich-konservativen Umfeld. Die Eltern haben beide keinen Beruf erlernt, der Vater ist Hilfsarbeiter. Die Familie erlebt sich am Rande der Dorfgemeinschaft, die von den wohlhabenden Bauern getragen wird. Die Zielsetzung des Vaters ist klar: Seine Kinder sollen aufsteigen, einen Beruf lernen. Von den fünf Geschwistern gelingt dies dem ältesten Bruder, der dann Frau S. nachzieht. »Lernen, Bildung, Ausbildung und Weiterbildung« – das sind ihre Orientierungen. »Die Latte liegt oben, und nach oben muß ich mich ausrichten, mich danach messen.« Frau S. gelingt der Wechsel auf die Sekundarschule und von da in die Handelsschule. Über die Stationen Welschland und Tessin wagt sie den Sprung ins Ausland. Dort auf sich gestellt, von ihrer Sozialisation nur unzureichend vorbereitet, wird ihr deutlich:

»Ich muß selber für mich schauen.« Zurück in der Schweiz, wird Frau S. »Mädchen für alles« in einem Kleinstbetrieb. Von dort wechselt sie in eine Sachbearbeiterstelle in einem Großbetrieb. Sie ist eine unermüdliche Schafferin und nimmt jede interne Fortbildungschance wahr. Ihr Kompetenzbereich wird aufgestockt, Führungsaufgaben kommen auf sie zu; sie nimmt jede Herausforderung an und gewinnt an Sicherheit – eine beachtliche Entwicklung. Ihr Privatleben bleibt dem Berufsleben untergeordnet. Sie lebt in einer befriedigenden Beziehung mit einem Partner, der eine nicht zu enge Beziehung ebenfalls zu schätzen weiß.

Als Frau S. auf die 30 zugeht, hätte sie allen Grund, zufrieden mit sich zu sein. Aber sie erzählt: »Damals habe ich eine eigentliche Krise gehabt, da war ich buchstäblich ›alt‹! Ich habe mich ausgebrannt gefühlt, an mir so viele Mängel wahrgenommen. Ich hatte große Angst, daß meine Lücken offensichtlich werden. Ich wußte nicht, was ich beruflich weitermachen sollte. Der Alltag hat mir enorme Mühe gemacht. Nach außen hin lief es weiter, aber persönlich war ich in Panik. Ich sah mich hier auf meinem Stuhl als eine alte Sachbearbeiterin unter meinen Akten vor mich hinwelken. Ich hatte Angst, in diesem Rahmen zu versauern. Ich wollte nicht so brav, so altmodisch, so depressiv werden wie manche Arbeitskollegin. Ich war gestreßt und angstvoll, fragte mich dauernd: Soll das der Sinn sein? Es war die Orientierung, die mir fehlte, und deswegen habe ich mich so alt und ausgebrannt gefühlt.«

Frau S. war an der Meßlatte, die sie 30 Jahre vor Augen gehabt hatte, angekommen. Aber statt Befriedigung erlebte sie nur Leere. Zu einseitig hatte sie sich auf die externen Ziele ausgerichtet. Sie glaubte, der Aufstieg sei ihr Leben. Nun war das Leben dabei, ihr durch die Finger zu rinnen. Ihre persönliche Entwicklung war zu kurz gekommen; das verlangte jetzt eine Korrektur.

Im Unterschied zu anderen Beispielen, in denen ein eher intellektuelles Unbefriedigtsein konstatiert wurde, hat Frau S. eine eigentliche Krise erlebt. Sie fühlte sich in ihren Existenzgrundlagen erschüttert und in ihrem Selbstbild getroffen.

Frau S. gelang die Wende mit Handlungsänderungen auf vier Ebenen: Sie suchte in einer Therapie eine qualifizierte Form der Auseinandersetzung mit ihrer Aufstiegsproblematik. Sie reduzierte ihr Arbeitsvolumen, um ihrer privaten Person in der Beziehung zu Partner und Freundeskreis mehr Raum zu geben. Sie handelte sich eine externe Weiterbildungsmöglichkeit im Bereich der Personalführung aus, von der sie wußte, daß darin nicht nur berufliche, sondern auch persönliche Entwicklungsimpulse zum Zuge kommen würden. Und nicht zuletzt: Sie hatte einen langen Atem. Sie verstand, daß die emotionalen Teile ihrer Person bei dem beschleunigten Aufstieg hinterherhinkten, und sie räumte sich selbst die Zeit ein, erst einmal zu begreifen, was mit ihr geschehen war.

Die neuen Orientierungen und die Außenanregung durch Lernsituationen vermochten hier nicht grundlegend zu helfen, sondern wirkten unterstützend im Prozeß einer langsamen Wiederstabilisierung der Person. Frau S. durfte dabei immer wieder erleben, daß sie noch für Neues offen ist und sich in ihr etwas bewegt. Damit schöpfte sie auch Vertrauen in die Zukunft.

Heute sagt sie – und dokumentiert dies mit ihrem ganzen persönlichen Ausdruck: »Jetzt habe ich ein ganz anderes Lebensgefühl als mit 30. Ich fühle mich auch subjektiv jünger, heute vielleicht so 35 oder 32 Jahre.«

Krise durch Erfahrung

Auch Frau O. (43) schätzt spontan die Zeit um 30 als einen Tiefpunkt ihrer Biographie ein. Sie war mit klaren Zukunftsplänen gestartet, alles ließ sich gut und hoffnungsvoll an, sie glaubte zuversichtlich, ihren Lebensweg schon vor sich zu sehen. Da brach diese Planung völlig ein: Alles ging »bachab«. Sie war gezwungen, die Weichen ganz neu zu stellen, und mußte Abschied nehmen von ihren alten Träumen. Mit der ihr eigenen Zähigkeit richtete sie sich auf einen neuen Lebensweg aus. Sie betont, viel an menschlichem Verständnis gewonnen zu haben, Zugang gefunden zu haben zu den Bereichen von Gefühl und Mitleiden. »Es hat mich voller gemacht.« Etwa ab Ende 30 habe sie eine neue Sicherheit gespürt, und heute fühle sie sich wie »neu geboren«.

Ein weiteres Beispiel ist Frau N. (47), die ähnlich positiv aufgebrochen ist. In ihrem häuslichen Kreis konnte sie geben, was ihr wichtig war, und erlebte sich als glücklich. Ende 20 spürte sie zunehmend, daß sie nur als Anhängsel ihrer Bezugspersonen figurierte. Noch gelang es ihr, diese erste Erkenntnis zuzudecken. Etwa mit 30 geriet sie dann in eine akute Krise, hatte das Gefühl, ihr Leben sei schon vorbei. Nach außen funktionierte sie tadellos weiter, war aber innerlich stark mit sich selbst beschäftigt. Wie sie es beschreibt, hatte sie nun erstmals sich selbst in den Blick genommen. Sie wurde hellhörig darauf, wer sie ist. Sie begann nicht nur, sich eine eigene Meinung zu bilden, sondern sie auch durchzusetzen. Ihre Krise, die dann auch den Partner erfaßte, dauerte bis in das fünfte Lebensjahrzehnt hinein. Mit dem Wissen, was sie ist, kam auch die Erkenntnis, was sie brauchte. Heute sagt sie: »Ich bin noch nie in meinem Leben so glücklich gewesen.«

Von meinen männlichen Referenzpersonen erlebte Herr M. (49) Vergleichbares: Auch er ist mit klaren Vorgaben gestartet, konnte mit erheblichem, aber auch befriedigendem persönlichen Einsatz rasch seine gesteckten Ziele verwirklichen. Dann wurde eine Leere spürbar. Herr M. reagierte darauf mit einem radikalen Kurswechsel: statt Leistung und Arbeit nun Genuß, Wohlleben, Sinnlichkeit. Auch löste sich seine Partnerschaft auf. Was war geschehen? Eine erste Reflexion ließ ihn erkennen, was bisher für ihn zu kurz gekommen war. Gemäß seiner Art der Lebensgestaltung stürzte er sich nun mit vollem Einsatz darauf und lebte ab 30 die körperlich-sinnliche Sphäre seiner Existenz aus.

Aufzubrechen mit einem Plan und innezuhalten mit dem Bewußtsein: Das habe ich gewollt, dieses realisiert und so viel ist nicht zum Austrag gekommen – diese Bilanz, die schmerzt, traurig oder mißmutig stimmt, ist die Krise durch Erfahrung. Zum ersten Mal wird die Kindheitsillusion: »Das Leben ist einfach und leicht zu meistern« erschüttert – mehr oder weniger stark, oberflächlicher oder tiefergehend, das hängt sicher von der Struktur des betroffenen Menschen ab wie auch von den begleitenden Umständen, die wir hier ja bewußt vernachlässigt haben.

Jeder Mensch, der in bewußter Auseinandersetzung mit sich lebt, kennt analoge Erfahrungen. Die Differenzierung im Erfassen und Erleben bewirkt eine verfeinerte und erweiterte Wahrnehmung. Positives wie Negatives liegt nun im weiter gewordenen Blickfeld. Krise durch Erfahrung betrifft vor allem wache und bewußte Menschen. Sie wird als belastend erlebt, stört den Gang der Dinge und fordert heraus, aber sie ist heilsam, weil sie auf bisher Vernachlässigtes aufmerksam macht. Wichtig ist der positive Einstellungswandel, so wie wir es aus den Beispielen heraushören konnten. Wir haben die Entwicklungsherausforderung durch die Krise der Erfahrung verfehlt, wenn wir

- nicht ablassen können von den ersten Plänen und Illusionen, uns weiterhin krampfhaft anklammern an unsere ersten Träume, oder wenn wir
- vor der Wirklichkeit resignieren, uns dem Lauf der Dinge ergeben und Verrat üben am eigenen Aufbruch.

V. Konsolidierung

In der Sommersonne

Für das vierte Lebensjahrzehnt hat Levinson die Entwicklungsaufgabe des Seßhaft-Werdens formuliert.

Vom Heimatfinden, vom Wurzeln-Schlagen, auch davon, nicht mehr nur in die Breite, sondern auch in die Tiefe leben zu wollen, war ja schon die Rede. Was ist nun hier gemeint?

Der Lebenstraum hat eine Form gefunden, Erfahrungen haben ihn korrigiert, nun wird er konsolidiert. Mit anderen Worten: Jetzt geht es um die Vertiefung und Sicherung der erreichten Lebenssituation. In der Gewißheit, auf dem richtigen Weg zu sein, heißt das Thema nun weder Suche noch Korrektur, sondern Konstanz. Die selbstgewählte Struktur ist jetzt die Bahn, auf der es für viele Menschen eine ganze Reihe von Jahren aufwärts- und weitergeht.

Für Charlotte Bühler ist jetzt die Zeit, in der das progressive Wachstum deutlich in ein stabiles Wachstum übergeht. Noch immer aber ist quantitatives Wachstum der zentrale Begriff. Die Karriere hat durchaus nicht an prägender Kraft verloren; das atemlose Klettern auf der Erfolgsleiter ist aber durch ein ruhigeres Steigen abgelöst. Nicht mehr nur narzißtischer Erfolg treibt an, sondern der Wunsch nach Anerkennung in einem noch breiteren sachlichen Rahmen. Die Faszination durch Herausforderungen und Aufgaben ist unverändert da. Ihr wird Folge geleistet, aber nicht mehr, um sich primär selbst zu bestätigen, sondern um sich darin zu erfüllen. Der frühe Aktionismus ist auch im Zuge der Krise durch Erfahrung in eine kontrollierte, dosierte, bewußte Expansion überführt. Die korrigierte Lebensform wird überzeugt gelebt und vermittelt Selbsterfüllung.

Das ist die zusammengefaßte psychologische Kennzeichnung der frühen mittleren Lebensphase. Wie sind die Aussagen von Menschen dazu?

»Zwischen 30 und 40 hat eine Verstärkung stattgefunden von allem, was bisher gelaufen ist. Mein Selbstwert ist gestiegen, enorm gestiegen. Ich habe geistige Unabhängigkeit erreicht. Die kognitiven Kräfte sind erstarkt, auch der Mut zum persönlichen, unkonventionellen Denken. Von der Herkunftsfamilie ist die Abkehr vollzogen. Daneben hat sich mein privater Lebensstil ausgeformt: Essen, Trinken, Freude an technischen Sachen, genußorientiert« (Herr N., 47).

»Ich habe zwischen 30 und 40 keinen Einbruch erlebt. Meine Lebenssituation hat für mich immer gestimmt. Die Befriedigung war voll gegeben. Selbstbestimmung und Selbständigkeit wurden jedoch noch wichtiger. Unabhängigkeit war ganz zentral. Je länger, je mehr war mir Fremdbestimmung unerträglich. Und noch etwas ist mir wichtig gewesen: Früher habe ich eher aus Positionen heraus agiert; zu dieser Zeit wurde mir klar, daß man nur aus persönlicher Kompetenz sinnvoll agieren kann« (Herr O., 54).

Herr Q. (58) verwendet spontan das Wort Konsolidierung zur Kennzeichnung dieser Lebensphase. Mit dem Wachstum der Familie einher ging für ihn die Seßhaftigkeit im eigenen Haus. Die gesicherte berufliche Stellung machte »auch finanziell möglich, was vorher nicht möglich war«.

Inhaltlich bestätigt Herr R. (50) diese Sachverhalte, wenn er sagt: »Auf einen einfachen Nenner gebracht, bin ich auf einer Schiene nach oben gelaufen, von außen gelenkt. Das geschäftige Tun war damals das Zentrale: ›Man muß Geld verdienen‹, ich war da so richtig drin.« Die Karriere, die Herr R. verfolgte und damit eine Strecke seines

Lebens auch durchaus bejahte und in der er sich auch voll entfaltete, bewertet er nun rückblickend eher zwiespältig. Er hat einen weiteren möglichen Karriereschritt nicht mehr vollzogen und damit bereits Ende 30 für sich eine nächste Entwicklungsphase eingeleitet.

Von den weiblichen Stimmen hören wir zunächst Frau Z. (47): *»Zu dieser Zeit kann ich nur sagen: etablierte Familie, gesicherte Stellung, genügend Geld, stabile innere und äußere Verhältnisse. Alles ging seinen Gang, wir lebten so fort. Das Erreichte halten und die Kinder großziehen, das war es.«*

Ähnliches sagt auch Frau X. (68): *»Für die Zeit zwischen 30 und 40 fällt mir nur das Wort ›bürgerliches Leben‹ ein. Haushalt, häuslicher Bereich, Ehe, Aufziehen der Kinder. Aber auch schon noch Aufbau. Damals haben wir auch das Haus gebaut. Das Wirtschaften war wichtig, ich habe viel selbst gemacht. Zu der großen Familie kam immer noch eine Haushaltlehrtochter. Das war der Bereich zu dieser Zeit.«*

Im Votum von Herrn N. ist ein Stichwort gefallen: die Abkehr von der Herkunftsfamilie. Eigene Lebensposition und persönlicher Lebensstil sind entfaltet, die Beiträge aus Kindheit und Jugend sind verarbeitet, integriert, überformt oder auch ausgestoßen. Etablierung und Konsolidierung machen sich nach den Aufbaujahren auch im finanziellen Bereich spürbar.

Für viele Menschen gilt dieser Entwicklungsabschnitt als besonders positiv. Zwar gehören viele Möglichkeiten bereits der Vergangenheit an, aber auch die Irrungen und Wirrungen, die Unsicherheit und die Suche liegen hinter uns. Die Unrast und die Hast, mit der wir nach den Angeboten des Lebens gejagt haben, haben sich in einem beständigeren Lebensrhythmus abgeschwächt und beruhigt. Im Gefühl, die spezifische und definitive Bestimmung gefunden zu haben, erleben wir Stärke und Potenz in besonderem Maße. Schaffenskraft und Schaffensfreude lassen uns den Alltag ausgefüllt und erfüllt erleben. Sicherheit, Erfahrung und Routine ergänzen nun das immer noch reichliche innovative Potential und die Freude an Neuem: Dies sind die Voraussetzungen, um sich auf dem Höhepunkt des Lebens zu wähnen. (Wir werden später sehen, daß auch die absteigende Lebenslinie einen weiteren Höhepunkt beinhaltet.) »Werkreife« ist ein Begriff dafür, daß die gewählten Möglichkeiten nun intensiv genutzt sind. Team- und Konsensfähigkeit profitieren von der erweiterten sozialen Reife. Der »menschliche Faktor« – in der Zeit des egozentrischen Aufbaus am Rande des Wahrnehmungsfeldes gelegen – ist kein Buch mit sieben Siegeln mehr. Soziales Verständnis hat sich auf dem Boden der Intimität aufgebaut und erweitert.

Auch wenn innerseelisches Geschehen nun vermehrt ins Spiel kommt, die Zeit der Konsolidierung ist ebenfalls eine extravertierte Phase. Der Blick ist klar nach außen und auf die Zukunft gerichtet; die Bewältigung der externen Lebens- und Anforderungssituation hat erste Priorität. Im großen und kleinen Rahmen, in der Berufs- wie in der häuslichen Sphäre schaffen, wirken, tätig sein, Erfolg haben: Das ist die Lebensausrichtung.

Auch wenn sich eine Biographie in dieser idealtypischen Form nie findet – auch wenn alle einschränkenden Lebensfaktoren wie Verlust von Bezugspersonen, Krankheit, wirtschaftliche Belastungen die Lebensphase Anfang des mittleren Erwachsenenalters dämpfen und negativ färben können – auch wenn das individuelle Erleben in dieser Lebensspanne ganz anders aussehen mag: Beschrieben ist hierin eine Art von Fülle aus Kraft und Erfahrung, von der zu wünschen ist, daß sie in jeder Biographie einmal – zu welchem Zeitpunkt auch immer – erfahren werden darf.

Nach dem Aufbruch im Frühling ist das Bild dafür der Sommer. In der Beschreibung von Friedrich Hölderlin (1770–1843) sind es die Worte Glanz, Pracht und Herrlichkeit, die Höhepunkte und Fülle zum Ausdruck bringen. Doch nicht nur glänzend und prächtig wird uns »Der Sommer« (1842) geschildert; »Milde« spricht ergänzend für eine erste Abgeklärtheit. Die »Wolken ziehn in Ruh', in hohen Räumen«: Ein erster Abstand ist genommen, ein größerer Raum gewonnen, und gerade darin besteht die Herrlichkeit.

Noch ist die Zeit des Jahrs zu sehn, und die Gefilde
Des Sommers stehn in ihrem Glanz, in ihrer Milde;
Des Feldes Grün ist prächtig ausgebreitet,
Allwo der Bach hinab mit Wellen gleitet.

So zieht der Tag hinaus durch Berg und Tale,
Mit seiner Unaufhaltsamkeit und seinem Strahle,
Und Wolken ziehn in Ruh', in hohen Räumen,
Es scheint das Jahr mit Herrlichkeit zu säumen.

VI. Einbruch

Ikarus – Herr S.

Herr S. steht mit 46 Jahren mitten in den Prozessen der Lebensmitte. Wie sieht er seine Entwicklung bisher, und wie erlebt er sich gegenwärtig?

Herr S. ist einziger Sohn in einer Familie mit drei Töchtern. Die Mutter war kaufmännische Angestellte, dann Hausfrau. Der Vater hatte in der mittleren Beamtenlaufbahn die ihm mögliche höchste Position erreicht. Für einen weiteren Aufstieg fehlte ihm das akademische Rüstzeug. Der Sohn lernte früh, daß auf ihm – anders als auf den Schwestern – besondere Leistungserwartungen ruhten; das fehlende Stück in der väterlichen Biographie war nachzuholen. Herr S. identifizierte sich mit den elterlichen Werten, auch unterstützt durch die typisch protestantische Ethik seiner Mutter, an die er emotional stark gebunden war. Seine sehr guten intellektuellen Anlagen erlaubten es ihm, ohne besonderen Einsatz an der Spitze zu sein. Er aber gewöhnte sich an, seine Bemühungen zu verdoppeln, so daß er die Mitbewerber in Schule und Hochschule deutlich hinter sich ließ. Abschlüsse mit Auszeichnung eröffneten ihm Karrieremöglichkeiten in Lehre, Forschung oder Wirtschaft. Er entschied sich für die letztere Option, weil er das System für offener und damit ausbaufähiger erachtete. Herr S. durchlief nun in kurzer Zeit eine Bilderbuchkarriere, die ihn in relativ jungen Jahren auf einen führenden Posten brachte. Er genügte auch den weiteren gesellschaftlichen Normen mit einer entsprechenden Eheschließung, aus der wunschgemäß zwei Mädchen hervorgingen.

Die Erwartungen der Eltern waren übertroffen. Herr S. genoß ihre Bewunderung, wenn er bei Einladungen oder mit Geschenken seine finanziellen Möglichkeiten und seinen Status demonstrierte. Sein äußerer Lebensweg war klar kalkuliert: Dieses und jenes war noch zu erwerben und zu erarbeiten, eine weitere Stufe zu erklimmen. Seine Frau unterstützte ihn in dieser Orientierung, indem sie das private Leben regelte und keine zusätzlichen emotionalen Leistungen von ihm forderte. Es war geplant, daß Herr S. sich vorzeitig aus dem Erwerbsleben zurückziehen würde, um das Leben noch genießen zu können.

An diesem Punkt, mit Anfang 40, traten bei Herrn S. erstmals Rückenschmerzen auf. Es begann nun eine chronische Leidenszeit, mit Konsultationen verschiedener Spezialisten, ohne befriedigendes Ergebnis. Mit Hilfe von Medikamenten hielt Herr S. sich beruflich leistungsfähig. Nur die nächsten Mitarbeiter wußten um das Leiden. In schlaflosen Nächten begann Herr S. umherzuwandern. Nach ca. zwei Jahren war er bereit, an eine psychische Genese seiner Beschwerden zu denken.

Als Schlüsselerlebnis schildert er »diese Feriengeschichte«, wo ihm kurz vor der Abreise schlagartig klargeworden sei, daß er zu diesem Zeitpunkt in diese Art von Luxus-Ferien nicht gehen könne. Allein zu Hause geblieben, war er sehr unruhig, zweifelte an seinem Entschluß, verspürte starke Schmerzen. Er suchte sich abzulenken und begann in Büchern zu blättern, die er früher einmal gerne gelesen hatte. Im Zuge der Lektüre fühlte er sich zunehmend entspannt. Das Lesen nicht berufsbezogener Bücher führte er nun fort, besonders in den schlaflosen Nächten. Hinzu kam das Musikhören, von dem Herr S. heute sagt, es sei ein ganz wesentlicher Teil seines Lebens geworden. Versenkung, gefühlsmäßige Anregung, aber auch eine Art Transzendieren: Da ist etwas Großes, das meine Proportionen wieder ins richtige Lot bringt.

Herr S. beschloß, seinen nächsten Karriereschritt vorläufig aufzuschieben. »Ich arbeite immer noch tierisch, aber weil es mir Spaß macht. Und schaue jetzt genau auf meine Zeit: gesellschaftliches Blabla mache ich nicht mehr. Dafür suche ich meditative Entspannung, Musik, Lektüre, Naturerlebnisse. Das hat einen ganz anderen Stellenwert bekommen, da habe ich ganz neue Entdeckungen gemacht. Früher brauchte ich meine Freizeit total, um abzuschlaffen, damit ich wieder fit war. Heute gestalte ich sie viel produktiver und fühle mich gleich erholt.«

Herr S. spürte zwar auch Enttäuschungen auf seiten seiner Frau und seiner Eltern, fühlte sich aber ganz unerwartet gestützt durch seine Töchter. Zu seinen Entdeckungen gehört auch diese neue Beziehung zu den Kindern. Das wiederum erlaube ihm, das heikel gewordene Partnerschaftsverhältnis durchzustehen. Er erlebt Schuldgefühle, weil er die Basis seiner Ehe zumindest teilweise verlassen hat, erhofft sich aber, seine Frau zunehmend in seine Entdeckungen miteinbeziehen zu können.

Für seinen jetzigen Prozeß sieht Herr S. selbst noch einen weiteren Grund: »Ich hatte zu viele Gipfelerlebnisse, war ganz oben und hatte doch das Gefühl, es reichte bei mir nicht dafür. So wie Ikarus, der sich mit Wachsflügeln zu nahe an die Sonne gewagt hat. Die Angst vor dem Absturz war da. Für diese Höhe braucht es mehr, als ich aufzuweisen hatte. Vielleicht bin ich jetzt dabei, meine Flügel zu verstärken. Wenn ich so zurückdenke, tut es mir vor allen Dingen leid, wieviel Zeit ich schon verloren habe. Eigentlich fühle ich mich jetzt viel älter. Vor drei Jahren hätte ich noch gesagt: zehn Jahre jünger, und heute: zehn Jahre älter. Zum Teil fühle ich mich auch sehr beansprucht und ausgebrannt, aber auf ganz andere Art als vorher. Man hat mir immer gesagt: ›Du hast es geschafft‹, dabei geht es erst jetzt richtig los. Jetzt wird es spannend!«

Seine Rückenschmerzen hat Herr S. noch immer, lebt aber ohne Medikamente, und die Nächte, in denen er lange liest und Musik hört, möchte er dennoch nicht missen.

Für seine berufliche Zukunft kann er sich heute auch vorstellen, selbständig zu arbeiten – eine Idee, die er vor wenigen Jahren noch als ganz absurd bezeichnet hätte. Die Strukturen einer großen Firma, die Machtposition, das war reizvoll und herausfordernd für ihn gewesen. Jetzt denke er auch an eine Beratertätigkeit: An andere weiterzugeben, in die Tiefe zu gehen, zu *fokussieren, das wären neue, spannende Orientierungen, die er nun wohl auch leisten könne. Der Horizont ist offen, das Ziel zwar noch im Nebel, aber der Weg erkannt.*

Eine lange Kindheit – Frau W.

Die jetzt 54jährige Frau W. blickt zurück mit folgenden Worten: »*Ich war die einzige Tochter meiner Eltern. Mein Vater war selbständig, hatte ein Baugeschäft, meine Mutter war zu Hause. Es hat mir an nichts gefehlt, ich war verwöhnt und behütet, zu behütet, würde ich heute sagen. Meine Mutter war eher ängstlich in allem und sehr darauf bedacht, daß alles immer in Ordnung war. Es war ihr wichtig, was die Leute sagten. Ich war wohl so ein braves Vorzeigekind, das seinen Eltern immer viel Freude machte, pflegeleicht. Ich merkte schon, daß meine Mutter in ihrer Beziehung zum Vater zu kurz kam, der Vater war geschäftlich viel unterwegs. Deshalb hat sie mich auch wohl mehr bei sich zu Hause gehalten. Mein Vater hatte sich wohl einen Sohn gewünscht, er ließ mich aber eine eventuelle Enttäuschung nicht merken. Ich glaube sogar, daß er Schuldgefühle wegen der Enttäuschung hatte und mich deshalb so verwöhnte.*
Ich machte die mittlere Reife und absolvierte dann eine kaufmännische Ausbildung im Betrieb eines Geschäftsfreundes meines Vaters. Ich führte eigentlich kein eigenständiges Leben, auch im Geschäft nicht. Da war ich ja auch behütet, der Chef hatte wohl auch so eine Art Aufsichtspflicht, stellvertretend für meinen Vater, und ansonsten wohnte ich zu Hause. Ich muß aber sagen, daß ich damals eigentlich ganz zufrieden war. Die ganzen Beziehungsgeschichten der Kolleginnen haben mich eher abgeschreckt, so ein Durcheinander wollte ich nicht haben. In meiner Freizeit habe ich mich vor allem kreativ betätigt. For-

men, Farben, Muster haben mich schon immer angesprochen. Ich nähte, strickte, bastelte mit verschiedenen Materialien und Techniken. Kurz darauf lernte ich meinen ersten Mann kennen. Er war der Juniorchef in einem Betrieb, zu dem wir neu geschäftliche Kontakte aufgebaut hatten, ebenfalls in unserer Branche. Es war eine ›ideale‹ Beziehung, alle waren sehr zufrieden, und so heirateten wir recht schnell. Bald wurde meine Tochter geboren. Bevor mir so richtig klar wurde, daß ich nun genau das gleiche Leben führte wie meine Mutter, starb mein Mann bei einem Unfall. Ich stand da mit einem Kind, materiell versorgt und durch meine Eltern natürlich voll gestützt, aber ich fühlte mich in der Situation total überfordert. Ich suchte so rasch wie möglich einen neuen Partner; was ich wollte, war Schutz, Führung, Heim, mich anlehnen – total kindisch. Mein zweiter Mann war zwölf Jahre älter, und er schien mir genau das zu versprechen, was ich brauchte. Schutz, Führung, Sicherheit, das hatte ich in der Tat, aber ich begann, unter seiner Dominanz zu leiden. Er nahm mich einfach nicht für voll, ließ mich immer spüren, was für ein Kind ich noch sei. Je länger, je mehr fühlte ich mich unselbständig und abhängig. Ich akzeptierte das aber, weil ich unbedingt meiner Tochter eine Familie bieten wollte. Und dann hatte ich ja auch noch den Sohn bekommen. Das Wohl der Kinder war für mich immer ganz oben. Ich litt darunter, daß mein Mann mich immer mehr heruntermachte. Er bestimmte und nahm meine Meinung überhaupt nicht zur Kenntnis. In dieser Zeit, so Anfang 30, begannen auch meine depressiven Phasen. Selbst an meinen Hobbys hatte ich zeitweise keine Freude mehr. Ich konnte mich manchmal kaum zu einer einfachen Mahlzeit aufraffen. Ich hatte auch sehr viel Kopfweh. Ich wußte schon, woher das kam, aber ich unterdrückte alle Gedanken an Veränderung, um meinen Kindern nicht ihr Heim und ihre Stütze zu nehmen.

Nach außen hin funktionierte ich aber wohl tadellos. Abgesehen von meinen Kopfschmerztagen, die mein Mann mir nach-

sah, war alles zum Vorzeigen. Ich verwendete viel Zeit auf Haus, Garten und Ernährung. Dekorationen waren meine Spezialität, zu Einladungen oder zu den verschiedenen Jahreszeiten. Das Haus war immer geschmückt. Ich machte mir unheimlich viel Arbeit und mußte so auch nicht viel anderes denken. Ich machte auch sehr gerne beim Bazar mit, das gab mir das Gefühl, nicht ganz nutzlos zu sein.

Die schlimmste Zeit kam aber erst noch, damals, als meine Tochter wegen ihrer Ausbildung wegzog. Mein Sohn – sagte ich mir – würde in nicht allzu langer Zeit folgen, und ich? Ich säße dann da mit dem älteren Mann, ich würde weiterhin alles machen und er mich weiterhin wie ein kleines Kind behandeln, damit ich abhängig blieb und ja nicht weglief. Ich fühlte mich so alt, mut- und wertlos, sah keine Perspektive, wollte mich trennen und wußte doch, daß ich es nicht schaffe. Ich versuchte, mehr Kontakte zu haben, bin z. B. mit einer Freundin joggen gegangen. Aber es kam vor, daß ich ganz plötzlich in Tränen ausbrach und nur nach Hause wollte. Ich spielte auch nicht mehr Tennis, weil ich mich unter all den jungen, aktiven, selbständigen Frauen besonders alt, häßlich und verbraucht fühlte. In dieser Zeit hatte ich auch ganz große Wut gegen meine Mutter. Ihre Lebenssituation und ihre Erziehung hatten mich ja so gemacht, daß ich jetzt mit mir nicht fertig wurde. An Selbstmord zu denken war für mich Sünde; aber es gab Tage, da wünschte ich mir eine Krankheit oder einen Unfall, damit endlich Schluß wäre. Aber irgendwie ist dann doch etwas in Gang gekommen. Ich verstehe heute noch nicht, wie. Vielleicht, weil ich das Ganze so lange ausgehalten habe, sind in mir doch innere Kräfte gewachsen. Mit den Jahren merkte ich, daß es nicht mehr so ans Lebendige geht. Vieles tut immer noch weh, aber geht doch nicht mehr so nah. Die Verstimmungen waren immer noch da, aber für mich nicht mehr so schlimm. Meine Tochter hat dazu beigetragen und – so komisch das klingt – meine Mutter. Sie ist nämlich schnell gealtert, hat sich so fallenlassen, sich aufgegeben, das hat mich erschreckt. Wir sind uns so ähnlich, und wenn ich sie so angesehen habe, war das ein innerer Schock. Wenn du nichts machst, geht's dir auch so! Da haben sich doch wohl Kräfte geregt. Meine Tochter hat mich in der Durchsetzung sehr unterstützt. Ich habe es dann sogar gewagt, meinen Mann und meinen Sohn alleine zu lassen und sie zu besuchen. Das waren für mich ganz besondere Momente, ich fühlte mich plötzlich viel jünger, aktiver, interessiert und aufgeschlossen. In so einer Stimmung belegte ich meinen ersten Weiterbildungskurs an der Volkshochschule. Es war ein Psychologie-Kurs zur Eltern-Kind-Beziehung. Das hat mich schon vieles klarer sehen lassen, vor allem, daß ich nun erwachsen werden mußte. Etwa zwei Jahre besuchte ich zum Teil gegen den Widerstand meines Mannes diverse Kurse, bis ich mir zutraute zu sagen, daß ich nun doch eine Ausbildung machen wolle. Das Kaufmännische seinerzeit hatte sich so ergeben. Was mich aber immer interessiert hatte, waren Sprachen. Ich habe immer fremdsprachige Bücher gelesen. Es gab großen Widerstand bei meinem Mann. Er hatte Angst um seine Versorgung. Außerdem bestand ja in seinen Augen keine finanzielle Notwendigkeit für einen Beruf. Letztlich hat er es mir einfach auch nicht zugetraut. Diesmal war es mir aber ernst. Er merkte bald, daß es darauf hinauslief: Ausbildung oder ich gehe weg.

Heute arbeite ich als freie Dolmetscherin teilzeitlich für einen großen Konzern. Ich habe ein ganz neues Leben, fühle mich jung, voller Zuversicht. Ich erlebe dauernd Neues und Positives. Ich spüre meine inneren Kräfte und lebe wie in einem Hoch. Die beste Zeit meines Lebens! Mein Mann hat sich auch arrangiert. Er ist ja jetzt pensioniert und hat sogar angefangen zu kochen, wenn ich nicht da bin. Er hat gelernt, die Hausarbeit wertzuschätzen, das ist mir direkt eine späte Genugtuung.«

Wenn man Frau W. so vor sich sieht, beweglich, mit lebhaften und doch feinen Gesten erzählend, mit wachen

Augen, einem warmen, manchmal fast mädchenhaft verschämten Lächeln, die grauen Haare weich und elegant frisiert, die Kleidung in auffallendem Türkis und perfekt im Farbton aufeinander abgestimmt, da wird in ihrer ganzen Person ersichtlich: Ja, sie hat sich tatsächlich wohl die beste Zeit ihres Lebens erkämpft!

Die Lebensmitte ist erreicht – Krise durch Begrenzung

»Danke, jetzt weiß ich's – die Midlife-crisis«: Nicht erst durch den populären Song ist die Krise in der Lebensmitte zu einem festen Begriff für uns alle geworden. Gibt es sie nun wirklich, diese vielzitierte Krise, oder ist sie ein Pseudobegriff, Ausrede für spätpubertäre Entgleisungen, Erklärungsetikette für Luxuskrisen einer übersättigten Wohlstandsmittel- und Oberschicht? Muß ich mir auch eine Midlife-crisis »zulegen«, um mich als bewußt lebendes und vertieft erlebendes Individuum zu legitimieren? Ist Weiterentwicklung in späteren Lebensaltern ohne so eine durchlebte Krisenzeit überhaupt möglich?

Fragen wir zuerst: Was heißt eigentlich Krise? Das aus dem Griechischen kommende Wort bedeutet Entscheidung, auch entscheidende Wendung, zugleich aber auch sichten und richten. Damit ist die Entwicklungsaufgabe umrissen: Wieder einmal steht eine Sichtung der inneren und äußeren Sachlage an, wieder einmal sind wir aufgerufen zu einer Entscheidung, stehen wir an einem Kreuzungspunkt. Leiten wir eine Wende ein, oder bleiben wir auf Kurs? Warum aber sollten wir die bewährte, uns auf den Höhepunkt unseres Lebenssommers führende Bahn verlassen? Was treibt einige, sicher aber nicht alle Menschen an, ihre konsolidierte Lebensform kritisch zu hinterfragen?

Über das Phänomen sind sich die Fachleute nicht einig. Sicher gibt es nicht in allen Biographien eine eigentliche Krise, und sicher ist auch eine solche Krise zur Entwicklung nicht unerläßlich. Sprechen wir deshalb eher von einem Einbruch im Fluß des konsolidierten Lebenslaufs, von einer Aufweichung der gefügten Lebensform und von einer Verdichtung von Fragen, die um das Thema Zeit, Endlichkeit und Begrenzung kreisen. Was sind die Ursachen?

In dem Dezennium zwischen 40 und 50 haben wir die Mitte unserer statistischen Lebenserwartung überschritten. Aus dem Meer von Zeit, das ein Kind und auch noch ein Jugendlicher vor sich wähnt, ist eine begrenzte Anzahl von Jahren, Tagen, Stunden geworden. Nicht nur habe ich den Zenit bereits überschritten, länger gelebt, als ich noch zu leben erwarten darf, auch mein Zeitgefühl beginnt sich unmerklich und charakteristisch zu verändern. Wie lang schienen Tage und Wochen früher in Erwartung eines Geburtstages oder in der Vorfreude auf ein Zusammentreffen. Nun beginnt die Zeit zu fliegen: Dieses Jahr hat doch erst begonnen und neigt sich schon wieder dem Ende zu! So viel wollte ich machen, und schon wieder ist eine Woche vorbei!

Die Zeit, früher ein wohlfeiles Gut, aus dem ich unbegrenzt zu schöpfen glaubte, hat ihre Qualität verändert, sie wird kostbarer, und sie verlangt je länger, je mehr sorgfältigste Behandlung.

Auch für Frau U. war die Erfahrung eines veränderten Zeiterlebens Auslöser für eine neue Orientierung: »Es ist plötzlich dagewesen, ganz stark und zentral: Was machst du da? – Die Zeit verplempern! Ich habe dann ca. zwei Jahre intensiv gesucht, was machen. Es war eine enorme Unruhe in mir und eine enorme Dringlichkeit.«

Das Bewußtwerden, wie die Zeit zu rasen beginnt und wie sich die noch verbleibende Spanne in immer schnellerem Tempo verkürzt, konfrontiert schmerzhaft mit der Endlichkeit. Der Tod ist nun als ontologische Kategorie kein abstrakter Tatbestand mehr, sondern gewinnt Ich- und Leibnähe. Hinfälligkeit und Tod von Eltern und Verwandten, Todesfälle unter Freunden und Bekannten machen deutlich: Die Reihe kommt an dich! Die Tröstungen vieler Jahre – »wenn nicht heute, denn morgen« und »aufgeschoben ist nicht aufgehoben« – wirken nicht mehr, denn immer klarer wird nun bewußt: Es gibt vielleicht noch einen Versuch, aber keinen zweiten, vielleicht noch eine weitere Chance, aber die ist dann die letzte; die Hoffnung, den Lebenstraum doch noch packen zu können, schwindet.

In dem Versuch, die verfließende Zeit zu packen und zu halten, intensivieren wir vielleicht unser schon so hektisches Lebenstempo. Doch je mehr wir jagen, um Zeit zu sparen, desto schneller rinnt sie uns in unseren kopflosen Aktivitäten durch die Finger, bis wir atemlos innehalten und eingestehen müssen: Die Zeit der Verschwendung ist nun vorbei. Jetzt heißt es zu überlegen: Wofür lohnt es sich und wofür nicht, was muß noch unbedingt sein und was ist von der Liste zu streichen? Und wieder einmal sind wir beim Sichten und Richten.

Aber haben wir das nicht schon einmal erlebt, damals, als wir die magische 30 überschritten hatten? Ein großer Unterschied besteht jedoch. Damals machten wir intellektuell und rational »klar Schiff«. In einem Horizont von Weite, Zukunft, Schaffenskraft und Potenz ist das eine leichte Aufgabe. Jetzt aber sind die Vorzeichen andere: Schmerzhaft ist die nun anstehende Revision angesichts der Begrenzung, angstvoll das Gefühl angesichts von Unwiederbringlichem, panisch sogar die Reaktion im Versuch, noch aufzuhalten. Und wir bemerken, daß noch etwas hinzukommt: die Anzeichen des Alters und eine verschwommene Zukunftsperspektive.

Mit der Tatsache des Alterns verhält es sich wie mit vielen anderen psychischen Phänomenen: Wir blenden sie bei uns aus, um sie bei anderen um so schärfer wahrzunehmen. Das Gewahrwerden des Zahns der Zeit am lange nicht gesehenen Schulkameraden schockt und läßt uns vernünftig denken: »Dem ist es mit mir wohl genauso gegangen« – aber glauben tun wir etwas anderes, nämlich daß wir noch immer die alten sind. Unser inneres Körperbild altert langsamer, es hinkt dem chronologischen Alter hinterher. Noch lange ist unser inneres Bild von uns ein jugendlich unverändertes. Auch die ersten Falten werden schadlos darin integriert. Doch in der Phase der nun aufgebrochenen Labilisierung ist die Diskrepanz zwischen innerem Bild und äußerem Sachverhalt nicht mehr länger zu verdecken. Schlüsselerlebnisse häufen sich, die Reaktionen der Umwelt signalisieren eindeutig, wo man sich nun zu positionieren hat. Eine Weile waren die Kollegen, die man vermeintlich für gleich alt hielt, nur geringfügig jünger, nun sind sie es beträchtlich. Komplimente weisen nun den verräterischen Zusatz auf: »… für dein Alter!« Neben diesen drastischen Erlebnissen vollzieht sich jedoch auch ein unbemerkter Wahrnehmungsprozeß. Erst selten, dann immer öfter läßt uns der Körper im Stich: Gewohntes macht mehr Mühe, Arbeiten gehen langsamer von der Hand. Sind wir nicht auch etwas müder als sonst? Brauchen wir nicht auch eine Spur länger, um uns nach Anstrengungen oder Eskapaden zu erholen? Langsam, häufig nur unklar empfunden und schwer zu bestimmen, stellt sich das Gefühl ein, daß Lebenskraft und Schaffensfreude nachgelassen haben. Begrenzung wird nun auch im Körperlichen spürbar.

Verbunden damit kann ein Einbruch im Selbsterleben empfunden werden, vielleicht über längere Zeit chronisch oder in unregelmäßigen Zeitabständen immer wieder einmal aufbrechend. Beim Blick in den Spiegel, besonders bei einem zufälligen en passant, ist der Gedanke da: Das bin doch nicht ich! Entfremdung und Erschrecken kennzeichnen diesen Gedanken. Verunsicherung macht sich breit, die von dem Körper-Selbst übergreift auf das Kern-Selbst, die innere Identität. Da schaut mich eine fremde Person an, weniger gutaussehend, weniger sympathisch, positiv und vertraut, als ich es gewöhnt bin, und das soll ich sein? In genau solchen Momenten wird der Bruch erkennbar. Die fraglose Ganzheit der Person ist brüchig geworden. Ein Teil scheint unbemerkt vorausgegangen zu sein, andere Anteile hinken hinterher. Das Gefüge ist labil, eine Umschichtung und Umstrukturierung ist im Gange. Da wird die Aufgabe in dieser Lebensspanne ersichtlich: sich auf den Weg zu machen, um wieder heimisch zu werden in der neuen alten Form und Frieden zu machen mit sich selbst.

Krise der Grenze ist das Thema. Begrenzung wird erlebt in der Zeit, in der Körperlichkeit, im Lebensentwurf. Die Zukunft – vor noch nicht allzu langer Zeit vollgestopft mit den Forderungen des Alltags und erfüllt von vielen Plänen und Zukunftshoffnungen –, diese Zukunft hat ihren positiven Charakter eingebüßt. Auf der einen Seite ist gewiß: Jetzt mußt du haushalten, die verbliebene Zeit gilt es zu nutzen. Aber auf der anderen Seite tut sich ein Loch auf: Wie und was ist zu tun? Zweifel an der eigenen Gestaltungskraft nehmen zu. Die Gefühle, müde, alt zu sein, können in Resignation münden. Hilflos ausgeliefert, verständnislos steht man einem inneren Prozeß gegenüber, von dem man weder genau weiß, wieso er in Gang kam, noch wie und wo er enden wird. Auch wenn im objektiven Lebenslauf alles unverändert zum besten steht, hat die innere

Biographie einen Einbruch erlitten. In extremen Momenten scheint nichts mehr wie zuvor, der klare Lebensweg hat sich im Dunkel der Ungewißheit verloren.

So dunkel, die Existenz bedrohend, muß die subjektive Erfahrung in dieser Lebensphase nicht sein. Eine künstlerische Form hat Hermann Hesse (1877–1962) in seinem Gedicht »Im Nebel« gefunden. Leise legt sich hier eine neue Wahrnehmung über die Dinge. Was klar war, wird unklar. Alles tritt zurück, im Zentrum steht der einzelne, in Einsamkeit auf sich zurückgeworfen. Das große Thema heißt nun: Meisterung der Innenwelt.

Seltsam, im Nebel zu wandern!
Einsam ist jeder Busch und Stein,
Kein Baum sieht den andern,
Jeder ist allein.

Voll von Freuden war mir die Welt,
– Als noch mein Leben licht war;
Nun, da der Nebel fällt,
Ist keiner mehr sichtbar.

Wahrlich, keiner ist weise,
Der nicht das Dunkel kennt,
Das unentrinnbar und leise
Von allen ihn trennt.

Seltsam, im Nebel zu wandern!
Leben ist Einsamsein.
Kein Mensch kennt den andern,
Jeder ist allein.

Wege und Sackgassen

In der Wendung nach innen, in der vermehrten Wahrnehmung von inneren Prozessen, Antrieben und Bedürfnissen tun sich – zwar nicht von heute auf morgen, oftmals erst über Jahre der Unsicherheit hinweg – die Wege auf, die zu einer neuen Kraft und Lebenssicherheit, zu neuen Aufgaben und Horizonten führen. Die Schritte, die es dabei zu machen gilt, die Elemente des Themas »meine innere Person«, sie sind Inhalt der nächsten Kapitel. Aber nicht nur solche Wege tun sich auf, die über Steine und durch Dornen zu einem neuen Horizont führen, sondern auch eine Reihe von Sackgassen, die einen leichten, kurzen und erfolgreichen Weg aus dem Nebel an die verlorene Sonne versprechen, uns aber tatsächlich nur wegführen von den anstehenden Entwicklungsaufgaben. Diese Sackgassen geben uns zwar schnell wieder ein scheinbares Gleichgewicht, sie zeigen uns wohl wieder ein Ziel, führen aber nicht in eine neue Zukunft, sondern lediglich zurück in die alten Verhältnisse der Vergangenheit. Sie machen es einfach und sind doch eine schwere Hypothek für spätere Lebensphasen. Lernen wir sie deshalb genauer kennen.

Die Diskrepanz zwischen dem inneren Bild, dem Körperbild, und den äußeren Gegebenheiten war ein Kennzeichen der Befindlichkeit in der Lebensmitte. Aufgabe war da, die äußere Situation anzunehmen und die innere Entwicklung voranzutreiben, um innere und äußere Wahrnehmung in Übereinstimmung zu bringen. Statt die Diskrepanz von innen her zu verringern, kann man sie auch vom Äußeren ausgehend reduzieren – und darin liegt der erste Weg in die Irre. »Du bist so alt, wie du aussiehst!« ist das Credo einer körperorientierten und veräußerlichten Zeit. Und weiter: »Wir und unsere Produkte helfen dir, so jung auszusehen, wie du dich fühlst!« Die nun einsetzende Körperarbeit dient der Erneuerung des jugendlichen Selbst. »Body-work« und »Body-monitoring« heißen die Fachausdrücke dafür, daß die Zeichen der Zeit verkannt und verleugnet werden, ihre Folgen ungeschehen gemacht werden sollen. So groß ist die Angst vor dem Faktischen, daß statt vorwärts rückwärts gegangen wird, Wachstum der Stagnation und Regression geopfert wird. Askese, Kontrolle, Versagungen, unnachsichtige Forderungen an sich selbst können noch eine Weile die alte Illusion nähren, ewig jung zu sein. Wenn aber die Macht des Faktischen zu groß wird, was dann?

Herr O. (54) formulierte seinen Anspruch an sich selbst mit den Worten »lebensphasengerecht leben zu wollen«. Ist das erreicht, wenn wir versuchen, mit Habitus, Sprache und Verhalten so jung wie unsere Kinder erscheinen zu wollen?

Die Tragik dieser Sackgasse hat Thomas Mann in der Figur des gealterten, zur Groteske jugendlich aufgeschminkten Aschenbach im »Tod in Venedig« unübertroffen erschütternd gestaltet.

Die Wahrnehmung von Schwächen und Brüchen kann auch über den Mechanismus der Kompensation angegangen und fehlverarbeitet werden. Mit einem Effort unter dem Motto »Jetzt erst recht!« wird das Defizit mehr als wettgemacht und dabei über das Ziel hinausgeschossen. Perfektionismus ist die Folge, noch mehr, noch besser, gerade in dem Bereich, wo Schwächen gespürt werden. Es kommt zu einer gewaltsamen Beschleunigung der bisherigen Entwicklungstendenzen. Forciert werden die nächsten Karriereschritte angegangen, weitere Statussymbole und Machtzeichen angehäuft, das Haben erweitert, die Existenz verfestigt und angereichert, nur um zu verdecken, daß diese Außenorientierung die ersten feinen Risse aufweist.

In eine solche Sackgasse hat sich Frau Sch. hineinmanövriert. Als eine stark auf Äußeres bezogene, an Status und Prestige hängende Persönlichkeit war die Meisterung der Außenwelt ihr zentrales Lebensziel. Eine recht rigide Kontrolle über sich, ihre Bezugspersonen und ihren Lebensrahmen gewährleistete, daß sie sich dem angestrebten hohen sozialen Status kontinuierlich annäherte. Die Karriere des Gatten verlief planmäßig und erlaubte die schönsten Hoffnungen. In der Mitte des 5. Lebensjahrzehnts büßte der Partner – teils mitverschuldet, teils Opfer externer Bedingungen – seine Stellung ein. Eine Welt brach zusammen und stürzte Frau Sch. in massive Unsicherheiten. Die Angst vor dem Verlust ihrer Lebenspfeiler offenbarte auch, daß sich die eheliche Bindung primär über die äußeren Merkmale bestimmte; sie erwog daher auch sofort eine Scheidung. An diesem Punkt hätte das Lebensereignis in eine nötige Neuorientierung führen können. Was aber geschah? Unerwartet und überraschend eröffnete eine neue Position noch bessere Perspektiven; die alten Lebensmuster wurden auf strahlenden Hochglanz poliert: noch schöner, noch jugendlicher, noch erfolgreicher, noch finanzkräftiger. Eine Chance zur Innenwendung war vertan.

Aber auch das genaue Gegenteil dieses Weges kann eine Sackgasse sein, dann nämlich, wenn die Wahrnehmung erster Brüche im Selbst- und Weiterleben einen Umschwung ins Gegenteil bewirkt. Die alte Bahn wird nicht um so krampfhafter verfolgt, sondern das Steuer gefährlich abrupt ganz herumgerissen. Eine komplette Lebensplanänderung wird vollzogen, alles bisher Leitende, einschließlich des sozialen Bezugsrahmens, wird aufgegeben, ausgetauscht, in einer Überreaktion gleich alles über Bord geworfen. »Auszusteigen« kann die Konsequenz einer lang reflektierten, bewußten Lebensentscheidung sein, kann Bekenntnis sein zur Authentizität, zur Absage an

Unechtes, Verlogenes im eigenen Leben, kann Ehrlichkeit und Willen zum »Aufräumen« dokumentieren. Genausogut kann das Aussteigen aber auch ein Rückfall sein in die pubertären Muster von Schwarz/Weiß, Richtig/Falsch und Alles oder Nichts. Muß wirklich alles über Bord gehen? Habe ich wirklich genau genug gesichtet? War wirklich nichts da, was sich lohnte zu behalten? War das ganze bisherige Leben tatsächlich eine einzige Lüge? In Zeiten innerer Umschichtung, Destabilisierung, Verunsicherung sind Überreaktionen ganz gefährliche Sackgassen. »Eine Nacht darüber schlafen«, rät der Volksmund, bevor aus Wut oder Enttäuschung gehandelt wird. Viele Nächte, sogar Monate und Jahre darüber zu schlafen schützt vor der Sackgasse der Überreaktion, bis wir unsere Mitte wieder spüren und das Geschäft der Sichtung und Entscheidung mit kühlem Kopf und warmem, nicht heißem Herzen bewältigen können.

Über den Tod zur Freiheit

Verschwendete Zeit ist Dasein, gebrauchte Zeit ist Leben.
(Edward Young, Nachtgedanken, 1742)

Der Zeit gewahr werden – das ist also der Auslöser, und das ist auch das Kennzeichen dieser Lebensspanne. Die Zeit ist nun kein abstraktes Maß mehr, sondern bedrohte und gefährdete Lebens- und Daseinszeit. Die hektischer laufende Lebensuhr rückt unaufhaltsam dem Punkt ihres endgültigen Stillstands zu. Daß wir sterblich sind, wußten wir schon immer – den Schmerz des Verlusts, des Abschieds vom

Sein, den beginnen wir nun zu fühlen. Es ist dieser Schmerz, diese Panik angesichts der Unwiederbringlichkeit verfehlter oder ungenutzter Lebensmöglichkeiten, die uns zur Revision, Einkehr und Neuorientierung treiben. Wenn wir uns nicht einlassen auf die Verdrängungen und die Überkompensation in den genannten Sackgassen der mittleren Lebensphase, wenn wir uns der Panik stellen und den Schmerz um unser endliches Dasein aushalten – dann sind wir auf dem Wege zur Annahme unserer Existenz.

»Es ist ungewiß, wo der Tod uns erwartet; erwarten wir ihn auf jeden Fall. Die überlegte Vorstellung des Todes ist die überlegte Vorstellung der Freiheit: wer gelernt hat zu sterben, hat verlernt, untertänig zu sein: es gibt kein Übel mehr für denjenigen, der gut begriffen hat, daß der Verlust des Lebens kein Übel ist: das Wissen, daß wir sterben, befreit uns von jeder Unterwerfung und jedem Zwang.«

(M.E. de Montaigne, 1533–1592)

Dieses Dasein mit allen Lebensfasern zu bejahen, an ihm zu hängen, es zu lieben und auszuschöpfen bis zum Grund, dabei in jeder Sekunde bereit zu sein, es zu lassen, in dem Bewußtsein, voll gelebt zu haben – das ist die Freiheit, die wir nun zu ahnen beginnen. Autonomie soll uns zu geistiger und psychischer Unabhängigkeit und Selbstbestimmung führen. Das Wissen um unsere Endlichkeit hilft zu trennen zwischen Wesentlichem und Unwesentlichem, Zentralem und Peripherem, hilft loszulassen. Noch stehen wir mittendrin in unseren Daseinsnöten, lassen uns antreiben von Scheinproblemen und Pseudozielen, klammern uns an Verdrängungshilfen, schließen die Augen, um nicht zu sehen, was doch unausweichlich ist: wohin der Weg geht, und daß dieser Weg mit diesem unserem jetzigen Gepäck nicht zu bewältigen ist. Wir sehen die, die uns vorangehen, wie sie mühsam hecheln, schwanken unter ihren Lasten von scheinbar Unverzichtbarem, wie sie deshalb kaum vorankommen, bis ihnen zuletzt doch alles aus der Hand genommen wird. Und wir sehen einige, die leicht dahingehen, die die Hände frei haben, anderen zu helfen, weil sie ihren Rucksack immer wieder revidieren, Stück um Stück daraus zurücklassen.

Der Tod als existentielle Kategorie kann immer nur mein Tod sein; so wie ich nicht stellvertretend sterben kann, vermag auch niemand mir meinen Tod abzunehmen: »Ich bin allein« – diese Grundgewißheit beginnt nun aufzudämmern. Vielerlei Abschiede und Begräbnisse stehen noch an, und jedesmal wird gewisser: dies ist ganz alleine meine Aufgabe. Zwar erlebe ich mich dankbar eingebettet in viele engere und weitere soziale Kontakte, Freundschaften und Liebesbeziehungen, und doch weiß ich: So, wie es mein Tod sein wird, so ist dies mein Leben, meine Aufgabe, die ich durch nichts und niemanden ableisten lassen kann. Ich, nur ich alleine, habe dieses Leben zu leben und zu beenden.

»Ich bin allein!« – das macht angst, läßt nach Licht rufen, nach Händen, die stützen und führen. Gebe ich dieser Angst nach, bleibe ich, was ich war, unfrei und »untertänig«, angewiesen und abhängig. Ich wende mich nicht frei den anderen zu, sondern klammere mich an: Ich brauche nicht sie, sondern ihre Stütze; es ist mir egal, wessen Hand mich hält, Hauptsache, ich habe eine Hand. Ich darf diese Hand nicht freigeben, denn ohne sie würde ich in Panik zurückfallen. Es wird deutlich: In der Unfreiheit und Untertänigkeit sind mir meine Nächsten Mittel zum Zweck; Objekte, die ich manipuliere, die ich mißbrauche – für mich, für meine Verdrängungen, für meine Bedürfnisse. In der Freiheit jedoch gehe ich auf den anderen zu, ohne Erwartungen und ohne Ansprüche: Ich muß nicht gehen, ich darf gehen; ich muß auch nicht bleiben, ich darf wieder gehen, und ich darf auch nehmen, einfach so, ohne Schuld und Gegenschuld. Erst die Erfahrung des Alleinseins gibt die innere Freiheit, wahrhaft sozial zu sein.

Noch ist dieses Ziel entfernt, nur verschwommen zu ahnen, noch befinde ich mich im Nebel, gefangen von der Angst um mein kleines Leben, gelähmt von der Vorstellung des Todes. Der Weg zurück, die Sackgassen der Lebensmitte versprechen Licht und Hilfe, und doch muß der Weg durch dieses Tal gehen. Die Bedrohung meiner Lebenszeit zwingt mich nach vorne: Ich will nicht mehr einfach nur existieren, sondern diese Existenz vollenden und zu ihrem Ende führen.

Die Absage an das »Man«

Das »Echte« hat wieder Hochkonjunktur. Vom Massenkonsumismus der wohlfeilen Industrieprodukte haben wir uns Bauchschmerzen geholt. Die Müllhalden unserer Billig-Wegwerf-Produktionsphase drücken auf unser Gewissen, auf unser Portemonnaie und auf den Rest unseres ästhetischen Empfindens. Weg mit der Pseudoware, her mit dem Gütesiegel; Qualitätsbewußtsein ist auf dem Vormarsch. Gekleidet in naturbelassene Baumwolle, suchen wir das Unverfälschte auch für die Seele: »Echt« möchten wir sein, entledigt des Ballasts vorgefertigter Meinungen, vorfabrizierter und propagierter Lebensmuster, uns im Kern erkennen und das sein, was wir sind. Und Urheber wollen wir ja sein, nicht Mitläufer, unkritische Nachahmer und Nachäffer vorgelebter Lebensstrukturen, sondern authentische Gestalter unserer eigenen Form. Eigenhändig geschrieben soll unser Leben sein, nicht diktiert von Autoritäten. Die Quelle soll glaubwürdig sein, und das kann sie nur, wenn sie aus uns und nicht außer uns entspringt. Authentizität ist jedoch kein in esoterischen Workshops zeitgemäß zu erwerbendes und teuer zu bezahlendes Qualitätsprodukt; Echtheit findet sich nicht als Restergebnis aus neuartiger Körpererfahrung und spirituellem Grenzerleben. Selbstfindung ist der je eigene Weg zwischen Verwachsungen und Gestrüpp, Mauern und Barrieren, Verhauen und Dämmen des bisher Erlebten und Erfahrenen, des von außen auf uns Überkommenen, hin zu eigenen Wahrnehmungen und Wertungen.

Die ersten Mauern und Verhaue, die es einzureißen gilt, sind all die unnötigen gesellschaftlichen Diktate, die uns jahrzehntelang die Ohren verstopften, uns taub machten für unsere eigenen Stimmen, und die alle beginnen mit dem verhängnisvollen Wort »man«:

- man bohrt nicht in der Nase
- man legt die linke Hand beim Essen neben das Gedeck
- man grüßt, wenn man ein Zimmer betritt
- man blickt dem Gesprächspartner ins Gesicht
- man wäscht am Sonntag keine Wäsche
- in dieses Lokal geht man nicht
- man trägt das in dieser Saison
- man muß diesen Film gesehen haben
- man kann dorthin nicht mehr fahren

Die Listen unserer »man«-Sätze haben viele identische Elemente, die Grundpfeiler unserer Kultur und Sozialisation, und mehr oder weniger individuelle Elemente, die unsere je eigene Erziehung und Sozialgeschichte widerspiegeln. Das Befolgen unseres »Man« sicherte uns Liebe, Anerkennung und Erfolg. Das liebe, allseits gelobte und geschätzte Kind tut, was man ihm sagt; der ungelittene Außenseiter tut das, was man nicht tut. Unsere Aufbruchzeit ist über weite Strecken eine »man«-Zeit. Die Beachtung der Regeln – sinnvoll, unnötig oder einengend – stabilisierte uns und führte uns zur Konsolidierung in unserem Umfeld. Nun aber werden andere Stimmen immer lauter, die Stimmen in uns, die immer drängender fragen: »Was willst *du* denn? Willst *du* das wirklich, oder wollen das eigentlich die anderen?« Der Versuch, in all den Leitsätzen das Wort »man« durch »ich« zu ersetzen, scheitert. Die Erkenntnis ist unabweisbar, eigentlich will *ich* das gar nicht, und wir formulieren ganz klar: Dem Götzen »man« ist nun genug an eigenen Bedürfnissen geopfert worden. Doch wie immer, wenn ein Götze fällt, tut sich Unsicherheit auf. Wenn das nicht, was dann? Der Weg des Pubertierenden – die radikale Umwertung aller Werte – kann nicht mehr der unsre sein. Das »Man« in uns köpfen wir nicht, holen es nicht in einem Handstreich vom Sockel; mit dem »Man« in uns beginnt eine Auseinandersetzung: Was ist gut und sinnvoll, weil sozial tragend und gemeinschaftsbildend; was ist einengend, unnütz, sogar gefährlich, weil lediglich Scheinheimat und Pseudosicherheit versprechend? Das »Man« war unser Gewand, kleidete uns, hielt uns sicher und warm in unserem sozialen Rahmen; aber nun zwickt es, paßt je länger, je weniger, engt ein, nimmt die Luft zum Atmen. Die Grundfrage lautet: Habe ich noch ein eigenes Kleid darunter? Wagen wir es, unter unsere eigenen Röcke zu schauen! Vielleicht überrascht, entdecken wir da ein anderes Gewand, eine neue Sicherheit. Eine Sicherheit in uns, die uns nun frei und offen sagen läßt: Auch wenn »man« das so macht, *ich* mache das anders. Es ist nicht die überkompensierte Pseudosicherheit des Pubertierenden, der da sagt, »das mache ich einfach nicht, und wenn du dich auf den Kopf stellst«; es ist eine ruhige, sich selbst gewisse Sicherheit, die aus der Übereinstimmung zwischen Sein und Tun resultiert. Das ist Authentizität: sich dem anzunähern, was man ist, und dies im täglichen Tun und Sein zu dokumentieren.

Es ist leicht zu sagen und noch leichter zu schreiben: Die jetzt anstehende Entwicklungsaufgabe lautet: Unterscheide für dich, wo dein »Man« konstruktiv und wo es destruktiv ist! Die äußere Maske, unsere Fremd- und Außenperson, ist ein Gewand, dessen Gewebe lebendig ist. Das jahrelange Tragen unmittelbar auf der blanken Haut hat zu Legierungen geführt. Echtes und Falsches sind verschmolzen und in ihren Anteilen unkenntlich geworden. Ein Vexierspiel ist im Gange: Ich bin meine Rolle, und meine Rolle ist ich. Was tun? Die Wahrnehmung schärfen, das Gefühl für das Echte neu entwickeln. Widerständige Regungen, Abwehr, Unbehagen haben wir jahrelang bereits im Keim konsequent überhört und unterdrückt, um unsere Rolle nicht zu gefährden. Jetzt müssen wir besonders hellhörig werden für die kleinsten Dissonanzen zwischen Fühlen und Tun, zwischen Sagen und Handeln: Wo bin ich im reinen mit mir, und wo bin ich unecht, aufgesetzt, forciert, gezwungen, überkontrolliert? Die konsequente subtile Selbstwahrnehmung ist der eine Weg, die Legierung aufzulösen und die Fremdanteile in meiner Person zu erkennen. Oder wagen wir ein Experiment: Einfach einmal »nein« sagen, das Ungewöhnliche, Unerwartete, Unangepaßte tun und schauen, was passiert. Und die Welt steht mitnichten still, und es ist möglich, und – was das Wichtigste ist – es tut gut, denn ich erlebe mich als glaubwürdig, echt und zuverlässig – authentisch. Mit der Absage an das »Man« habe ich ein Stück weit den Schleier gelüftet, hinter dem das verborgen ist, was ich suche und erahne: ich selbst.

Ein neues altes Thema: Die Eltern

Frau Z. war 43 Jahre alt, als sie folgendes Erlebnis mit ihrem Vater hatte: »*Meine Eltern waren bei uns zu Besuch. Aufgrund sehr großer Entfernung waren diese Besuche nicht sehr häufig. In der Zwischenzeit hatte mein Vater einen Herzinfarkt gehabt, und ich erschrak, als ich ihn wiedersah. Er war stark gealtert. Vor allem sein langsamer Gang und der schlurfende Schritt fielen mir auf und berührten mich stark. Ich war im Garten beschäftigt, als mein Vater zu mir kam. Nach ein paar belanglosen Worten begann er plötzlich, sich über seine Frau zu beklagen, die immer etwas auszusetzen habe und der er es mit nichts mehr recht machen könne. Sein Ton war weder wütend noch anklägerisch, sondern verzweifelt, hilflos, überfordert, verunsichert und weinerlich. Er suchte bei mir Hilfe, Unterstützung und Aufmunterung. Mein Vater – derselbe, den ich immer als so stark, selbstbewußt, bestimmend bis dominierend erlebt hatte, der immer und überall den Ton angab, der oftmals alles besser wußte, Kritik erstickte, wenig neben sich hochkommen ließ. Aus diesem Mann war nun ein Kind geworden, das bei mir Hilfe suchte. Schlagartig war mir bewußt geworden, daß sich unsere Rollen getauscht hatten und daß ich jetzt wirklich erwachsen werden mußte, denn einen »Vater« gab es nun für mich nicht mehr. Und noch etwas war mir klar: Du rückst nun in der Reihe nach, nach dem Tod des Vaters ist deine Generation dran.*«

In Frau Z. löste dieses Erlebnis eine intensive innere Auseinandersetzung aus. Sie bereinigte in vielen inneren Dialogen ihr Vaterbild. Sie besprach mit sich ihre Aggressionen, ihre Aversionen. Haß wie auch Liebe und Bewunderung konnte sie jetzt eingestehen. Wehmut begleitete sie, weil sie erst jetzt, nach so vielen Jahren, eine andere, emotionale Seite an diesem Mann wahrgenommen hatte. Erst jetzt öffneten sich ihr auch die Augen für die Dynamik in der Beziehung ihrer Eltern; zu einfach war ihre bisherige Deutung gewesen von Täter und Opfer, Dominanz und Unterdrückung. Trauer, aber auch Angst mischten sich in dem Bewußtsein, daß nun ein Fixpunkt im Leben im Schwinden begriffen ist, ein Rückhalt nicht mehr tragen wird. Aber auch Unsicherheit war dabei angesichts ihrer eigenen neuen Rolle, nun dem geben zu müssen, der bis dahin selbst gegeben hatte.

Zugleich erlebte sie aber auch Hoffnung und Freude, ein neues, näheres, von den alten Dissonanzen bereinigtes Verhältnis zu diesem Menschen eingehen zu können.

Zu einer Zeit, da wir längst selbständig geworden sind, unseren eigenen Lebenskreis etabliert haben, eventuell auch längst selbst Eltern geworden sind, tritt für viele Menschen das Thema Eltern in neuer Färbung wieder stärker in das Bewußtsein. Was geht da vor?

Älterwerden heißt, man selbst werden, durch das Überkommene, durch die Bilder der anderen hindurch zu sich zu finden. Eltern sind dabei in besonderer Weise Träger dessen, was wir mitbekommen und mitgenommen haben. Und zwar in zweifacher Hinsicht: Sie haben unsere ganz individuelle frühe Erlebniswelt mitgeschrieben, und sie sind Repräsentanten eines allgemeinen Prinzips, sie sind auch Vater und Mutter an sich.

Für viele Menschen steht die individuelle Bereinigung im Vordergrund, so wie es Frau Z. geschildert hat und wie auch Frau T. es beschreibt: *»Ich habe mich jetzt ausgesöhnt mit meinen Eltern. Vorher hatte ich immer das Gefühl, sie hätten sich entschuldigen müssen für das, was sie mir angetan haben. Jetzt sehe ich die Zusammenhänge besser, auch von meinen eigenen Kindern her. Ich habe mich innerlich selbst damit ausgesöhnt.«*

Zu verstehen, wer man ist, heißt auch zu verstehen, wie man geworden ist. Die Wendung nach innen ist immer auch eine Wendung zurück. Die Betrachtung der Vergangenheit als Prozeß des Werdens löst nun den Blick auf die Zukunft ab. Nicht mehr schaffen, erwerben, gewinnen, ausdehnen ist das Anliegen, sondern verstehen, sehen, begreifen, klären, nachempfinden, durchleben heißt nun das Thema. Der Zugang zum Menschen Vater oder Mutter gelingt. Eigene Lebenserfahrung, gereiftes und gewachsenes Verständnis für Schwierigkeiten, Krisen, Scheitern stimmen milde und kompromißbereit. Noch immer schmerzen Wunden, sind Narben fühlbar, doch stärker kann nun auch der Mensch als der gesehen werden, der im besten Bemühen immer auch zum Scheitern verurteilt ist. Von vielem muß in dieser Zeit Abschied genommen werden. Tod und Begräbnis stehen uns in der Mitte des Lebens psychologisch näher als im höheren Alter. Und auch hier muß beerdigt werden: Alte Schulden und offene Rechnungen aus dem Eltern-Kind-Verhältnis, Beträge sind abzubuchen, die wir schulden oder die uns geschuldet werden. Bilanz ist das Wort und Bereinigung die Forderung. Mit ausgeglichener Rechnung kann nun abgeschlossen werden, wiederum ein Kapitel beerdigt werden, damit das Kapital freigesetzt wird, das noch in diesem alten Geschäft gebunden war.

Oft sind es der Tod, Krankheit oder Hinfälligkeit der Eltern selbst, die diesen Prozeß auslösen oder beschleunigen. Dies hat Herr P. prototypisch erlebt: »Mit dem Tod der Mutter hatte ich die innere Erlaubnis, mein Leben zu ändern.« In anderen Biographien ist es der Wegzug der eigenen Kinder, der das Thema Elternschaft reaktiviert. Aber auch die eigene Todesnähe im Angesicht der dramatisch sich verkürzenden Lebenszeit setzt diese inneren Vorgänge in Bewegung.

Das Eltern-Kind-Verhältnis befrieden heißt: es ruhenzulassen und mit seinem durch die Eltern mitgeschriebenen Werden Frieden zu machen. Wir haben jetzt den psychologischen Aspekt angesprochen: die Normebene, die Beziehungs- und Gefühlsebene. Aber noch ein anderes Band stiftet Nähe, das biologisch-genetische. Frieden zu machen heißt ebenso, nicht länger zu verleugnen, Abkömmling dieser Menschen zu sein. Auch darin kehren wir zurück: Wir werden ähnlich und ähnlicher denen, die uns erzeugt haben. Belächelte oder verhaßte Besonderheiten vertiefen sich unübersehbar in unserem eigenen Ausdrucksrepertoire. »Wir waren, was ihr seid, und ihr werdet, was wir sind!« Der Gleichlauf des Lebens, der alte Wiederholungszwang, hat uns eingeholt. In vielem sind wir geworden, was wir wollten, in manchem wohl nicht. Diese narzißtische Kränkung unseres Anspruchs auf Einmaligkeit gilt es zu verarbeiten. Auch damit muß Frieden gemacht werden.

Die Ablösung in der Generationenfolge steht an. Im Entwicklungsziel von Erikson, der Generativität, ist die eigentliche Fortpflanzung nur ein Aspekt. Generativität zu leben heißt, sich in die Generationenfolge zu stellen, einen Platz weiterzurücken; heißt freizugeben, um neu zu erhalten, nicht mehr aufzubegehren gegen die Zeit, nicht mehr zu hadern mit dem Verlust, sondern den Zeitenlauf anzunehmen, um Leben zu gewinnen. Aus dem Schüler wurde der Lehrer, aus dem Lernenden der Erziehende, aus dem Zögling der Mentor, aus dem Nehmenden der Gebende.

Mit der Geburt eines Kindes waren wir nominell schon längst Eltern, faktisch wohl noch immer Kinder unserer Eltern. Jetzt ist die Zeit der Ablösung. Von den alten Träumen wird noch die Rede sein. Einen der Träume gilt es hier zu beerdigen: jung, unsterblich, ohne Verantwortung zu sein. Mit dem langsamen oder auch plötzlichen Verlust der Eltern ist die Kinderzeit vorbei: Es gibt dieses Refugium nicht mehr, nicht mehr den Hafen, nicht mehr die unbedingte Annahme: »Egal, was ist, du bist mein Kind«; nicht mehr die intellektuelle und emotionale Stütze: »Egal, was dir zustößt, ich bin für dich da.« Jetzt ist endgültig niemand mehr da, zu dem ich zurückgehen könnte. Ich stehe allein. Zu der narzißtischen Kränkung des Traums von der Einmaligkeit gilt es nun, die Kränkung durch den Verlust des Kinderparadieses durchzuleben.

Vater und Mutter: zwei Worte, die nicht nur zwei Menschen meinen. Sie stehen auch für psychologische Urfunktionen an sich. Vater ist der, der über mir steht, der alles weiß, der alles kennt und alles vermag, der in seiner Machtfülle und Omnipotenz den Weg vorgibt, der richtet und Rechtfertigung verlangt, dem Gehorsam zu schulden ist und der sich doch unserer Schuld gütig und vergebend annimmt. Aufbegehren und Unterordnung; Gehorsam und Verweigerung; Schuld und Sühne; Erfüllung und Verfehlung; Heteronomie und Autonomie; Gericht und Gnade – das alles meint Vater. Kulturell geprägt und erlernt, individuell überformt, so tragen wir alle Aspekte dieser Vaterfigur in uns. Nun steht die Ablösung auch vom Urbild Vater an. Wohin damit? Was werfe ich über Bord, was wende ich nach innen, um mein eigener Vater zu werden, was projiziere ich nach außen in neue oder alte Vater- oder Gottesbilder? Der »Alte Weise« – wie C. G. Jung ihn genannt hat – ist im Begriff, uns in sein Mysterium einzuweihen.

Der Figur Gott-Vaters steht die Mutter Gottes gegenüber, die Gnadenreiche. Lebenspendend, liebevoll, unterstützend, helfend; aufnehmend, aufrichtend, leibliche und seelische Wunden heilend, annehmend ungeachtet von Person, Stand und Schuld – das ist die eine, die lichte Seite. Die dunkle Seite der Weiblichkeit thematisieren andere Mythologien: Hexen bedrohen, bringen Tod und Verderben, rasende Göttinnen zerreißen und fressen ihre Kinder; der mütterliche Uterus ist Paradies und Hort der Verdammnis in einem: Er entläßt zum Leben oder hält auf immer gefangen, die gezähnte Vagina läßt nicht mehr frei. Unserem Wunsch zu gehen, groß zu werden, zu reifen, sich zu befreien, ist auf immer zugleich die Sehnsucht nach dem Paradies in der Mutter-Kind-Verschmelzung beigesellt: Nichts mehr zu fühlen, wollen, erstreben, nichts mehr zu müssen, erleiden, durchzustehen. Erwachsenwerden heißt, das Paradies selber in sich zu tragen, zu sich selbst mütterlich zu sein.

Animus und Anima im Widerstreit

Das Diktat des »Man« ist mächtig und weitreichend: Es reglementiert nicht nur unser Tun und Sagen durch die öffentliche Norm, sondern auch unser Fühlen und Empfinden bis hinein in scheinbar so klare und biologisch vorgegebene Persönlichkeitsbereiche wie unser Frau- und Mannsein. Wir wissen – oder glauben doch zu wissen –, was wir sind: eine Frau oder ein Mann gemäß unserer Natur und den Vorstellungen und Rollen, die unsere Kultur für Angehörige eines bestimmten biologischen Geschlechts definiert. Diese Rollen erleben wir als Kontinuum, auf dem wir uns positionieren: sehr weiblich, weniger oder ausgeprägt männlich bis machohaft. Dabei nehmen wir eine unbewußte, feine Gewichtsverteilung vor: Wie erlebe ich mich als Geschlechtswesen, und wie möchte ich nach außen imponieren, wie dem kulturellen Rollenbild entsprechen? Die Verquickung zwischen biologischem Geschlecht, äußeren Verhaltensnormen und innerer Gefühls-

und Erlebnisstruktur ergibt ein sehr heikles Gleichgewicht. Entspreche ich nur unzureichend der kulturellen Geschlechtsnorm, werde ich in meiner Geschlechtsidentität in Frage gestellt: Das ist ja kein richtiger Mann, keine richtige Frau! Eine solche Äußerung bedroht das Persönlichkeitsgefüge eines Menschen erheblich: Ihr entgegenzutreten erfordert ein hohes Ausmaß an Selbstsicherheit und Durchhaltevermögen. Eine Möglichkeit, die Spannung in diesem labilen Gleichgewicht zu verringern, ist, sich ganz auf der Seite des biologischen Geschlechts zu etablieren. Dann sind wir »richtig und stimmig«. Tun wir das, blenden wir aber gleichzeitig etwas aus, nämlich den Anteil des anderen Geschlechts in uns. Animus und Anima sind uns bereits begegnet. Wir haben von Frauen gehört, die sich auf dem Kontinuum der Weiblichkeit falsch plaziert hatten, zu weit entfernt vom ergänzenden, auch zu ihnen gehörenden Pol. Ihre Entwicklung führte sie bereits früher zu einem besseren, weil ihren inneren Verhältnissen angepaßteren Gleichgewicht zwischen Animus und Anima.

Akzeptanz in der Umwelt resultiert aus der Anpassung an vorgegebene Verhaltensmuster. Gerade Frauen, deren soziale und gesellschaftliche Wertschätzung – leider immer noch – in hohem Ausmaß an ihr geschlechtliches Erscheinungsbild gekoppelt ist, gewinnen Sicherheit durch Betonung ihrer Weiblichkeit. Aber auch sehr junge Männer stabilisieren ihr Selbstwertgefühl entscheidend mit einem das männliche Rollenverhalten oft überziehenden, unfreiwillig karikierenden Gehabe. Eine richtige Frau sein, ein Mann von echtem Schrot und Korn, darin gewannen wir erste Sicherheit in unserer Geschlechtsidentität und in unserem Selbstverständnis als Sexualwesen. Und mit dieser Orientierung sind wir auf die Suche gegangen und fündig geworden mit einem Partner, der den genauen Gegenpart spielen konnte. Die nicht wahrgenommenen und nicht zugelassenen Anteile des Gegengeschlechts führen zu einer Projektion auf den Partner: Selbst »Vollweib« – die hundertprozentige Anima-Frau –, brauche ich zur Ergänzung keinen Partner mit großem Anima-Anteil, sondern den Mann total. Wer eingeschworen ist auf die männlich-dominante Rolle unserer Kultur, den kann eine Frau mit deutlichem Animus-Anteil nur abstoßen; anziehen tut das Gegenteil, die Ergänzung. So wie ich in mir ein delikates – wenn auch nur vorläufiges und einseitiges – Gleichgewicht gefunden habe, so starte ich als noch jüngerer Mensch in ein sehr fragiles, vorläufiges, den tatsächlichen inneren Kräfteverhältnissen noch wenig entsprechendes Partnerschaftsverhältnis. Es kann nur ein vorläufiges sein, weil ich als Person auf einer erst vorläufigen Entwicklungsstufe stehe. Jede Veränderung eines Partners stört dieses labile Verhältnis; besonders ins Wanken bringen es jedoch Veränderungen im Animus-Anima-Bereich, da diese an den Kern der Partnerschaft, an Intimität und Sexualität rühren.

Wir haben Entwicklung beschrieben als einen Weg durch das Dickicht des von außen Überkommenen hin zum eigenen Ich. Hier heißt das, zu erkennen, was an mir als Frau oder als Mann Rolle, Persona, Scheinidentität ist bzw. was meine Geschlechtsidentität beinhaltet. Im Bild von Animus und Anima bedeutet das, den Anteil von mir abzuziehen, den ich glaubte meiner äußeren Geschlechtsrolle schuldig zu sein; nur genau soviel Mann oder Frau zu sein, wie ich es bin, und genauso viele Anteile des anderen Geschlechts zum Tragen kommen zu lassen, wie ich in mir entdecke und wie es braucht, um mich in einer neuen Art und Weise richtig und stimmig zu erleben.

Zwar manchmal noch verunsichert und zögernd, aber immer deutlicher erlaube ich mir ganz klar zu sagen: Ich bin und bleibe Frau, auch wenn ich jetzt Anspruch erhebe auf Verhaltens- und Erlebnisweisen, die als männlich gelten. Und ich bin und bleibe Mann, auch und gerade dann, wenn ich Windeln wechsle, mir Unsicherheiten erlaube und Überforderungen zugestehe.

Damit tritt das Geschlechterverhältnis in eine neue Phase ein. Die Einengung auf die geschlechtliche Dimension tritt zurück zugunsten einer Erweiterung der allgemein menschlichen Dimension. Ich werde ganz, indem ich nun neben meinem biologischen Geschlecht auch die Frau oder den Mann in mir zulasse. Damit erweitert sich mein Verständnis für das Gegenüber. Was ich vorher projiziert habe, kann ich nun leben, der Druck einengender Geschlechtsnormen und verdrängter Persönlichkeitsanteile schwindet – eine wesentliche Bereicherung. Das Verhältnis der Geschlechter wird offener, wenn die Begegnung von Mensch zu Mensch im Vordergrund steht.

Genauso hat es Herr O. erlebt und formuliert: »Es gibt schon Anteile, die geschlechtsbestimmt sind. Aber die Annäherung an das andere Geschlecht ist jetzt viel offener, weniger rollenkonform.«

Der Gewinn für den einzelnen Partner ist beträchtlich, aber der Weg dahin ist eine erhebliche Herausforderung für die Partnerschaft. Entwicklungen verlaufen höchst selten konform. Derjenige, der vorausgeht, bringt das fein eingespielte Gleichgewicht aus dem Takt und läßt den Partner »im Regen stehen«. Bedürfnisse, die bisher im Spiegel der Projektion reibungslos befriedigt wurden, werden nun zurückgewiesen. Aus dem Weibchen wird eine reife Frau mit aktiven Selbstbestimmungstendenzen, der starke Mann erlaubt sich, in der Intimität seine Maske fallen zu lassen: Ratlosigkeit, Irritation, Hilflosigkeit, Wut und Schuldzuweisungen können die Folgen sein. Was tun? Einen neuen Partner suchen, der mich in meinem gewohnten Animus-Anima-Verhältnis ergänzt und mich rasch wieder wohlig zu Hause sein läßt in gewohnten Bahnen und klaren Abgrenzungen? Oder die Chance wahrnehmen, das, was mir bisher der Partner war, in mir selbst zu entdecken?

Blick ins Dunkel – der Schatten

Wer steht schon nicht gerne in der Sonne? Beglänzt vom Licht, umflossen von Helligkeit ist der Eindruck, den wir erwecken, besonders vorteilhaft: licht, klar, strahlend und hell.

Die perfekte Sonnenexposition bewirkt auch den klarsten, am deutlichsten umrissenen Schatten. Genau hinter mir liegt dann meine dunkle Seite. Will ich sie sehen, muß ich mich umdrehen oder mich schräg zur Sonne stellen. Das aber heißt: der Außenwelt nicht mehr meine Sonnenseite zu präsentieren. Wenn ich mich umdrehe, zeige ich meinen Januskopf, die anderen Anteile werden nicht nur sichtbar, ja sogar unbarmherzig vom Licht ausgeleuchtet. Deshalb ist es gefährlich, seinen Schatten anzusehen. Was kommt dabei zum Vorschein? So sorgsam habe ich meine schöne Seite gepflegt, gehegt, genährt, gestylt, und die sollte ich nicht vorzeigen? Meine Hinteransicht habe ich ja nicht umsonst verborgen; was es da zu sehen gab, hat selbst mir nicht gefallen, wüst und abstoßend fand ich diese Seite, da schien mir jede Liebesmühe vergebens, da war wohl nicht viel herauszuholen, mit dem ich hätte glänzen können. Vielleicht hat mir der Anblick auch einen Schock versetzt, nicht nur Häßliches habe ich da gesehen, sondern Beängstigendes, Bedrohliches, Böses; da taten sich Abgründe auf, da lauerten Mächte, die es ganz schnell unschädlich zu machen, zu verbergen galt.

Von der Partikularisierung des Selbst war schon am Anfang unseres Weges die Rede. Damals haben wir begonnen, uns in der Auseinandersetzung mit unserem Umfeld näher kennenzulernen. Auch wenn wir sehr präzis unsere Leistungsstärken und -schwächen, unsere guten und weniger guten Charaktereigenschaften benennen können, so hat uns das nicht daran gehindert, weiter Träume und Illusionen zu nähren in bezug auf uns selbst. Mit Entschuldigungen und Erklärungen, Schuldzuweisungen und Projektionen waren wir schnell zur Hand, wenn es darum ging, die Flecken auf der reinen Weste zu leugnen. Schlechte Einflüsse, unglückliche Umstände, frühkindliche Traumatisierungen, das Versagen von Eltern, Partnern, Bezugspersonen; Benachteiligungen, Böswilligkeit einzelner und das Schicksal, das uns nicht gesonnen war – das alles hat uns verbogen, uns übel mitgespielt und uns mit negativen Zügen behaftet. Dabei sind wir doch soviel besser, reiner, unschuldiger: Opfer, nicht Täter. Verursacht haben die anderen, wir tragen nur aus, was uns angetan wurde. Und wir glauben allen Ernstes, wie der Phönix strahlend zur Sonne aufzusteigen, wenn erst einmal die Widrigkeiten beseitigt sind und das Blatt sich gewendet hat. Wir machen uns und andere glauben, die trüben Flecken auf unserem Selbstbild hätten mit uns nichts zu tun. Aber damit man sie nicht allzu sehr sieht, verbannen wir sie in den Schatten, rücken sie nach hinten und stellen uns in die strahlende Sonne, deren Glanz sogar noch blindem Metall einen goldigen Schimmer zu verleihen mag.

Wir sprechen in dieser Lebensphase von Innenwendung. Dazu gehört auch, mit Projektionen aufzuräumen. Der einfache Weg, das Schlechte und Negative anderen anzuhängen, uns selber mit externen Schuldzuweisungen reinzuhalten, ist ein Weg, der wiederum nur nach außen wendet. Abschied von den Träumen der Jugend heißt auch, Abschied vom Idealselbst zu nehmen. Meine Weste war nie rein, meine Oberfläche nie fleckenlos strahlend; ich war nie das unschuldige Baby, das nur gut ist, sondern immer eine Person mit auch negativen und schädigenden Anlagen. Bekleckert und besudelt habe ich mich auch: durch Unachtsamkeit, Voreiligkeit, Unüberlegtheit, weil ich noch zu jung, motorisch ungeübt, kindlich ungestüm war, weil ich mich beschmutzen wollte, um andere mit meinem Anblick zu strafen – und ganz einfach auch, weil ich ein Mensch bin, zu dem auch immer Fehler, Versagen und Schuld gehören. Lange Zeit hat mich das Scheinselbst, diese Idealnorm, begleitet, wollte ich nur das sein, was ich nur zum Teil bin. Reifwerden heißt auch, dem Ich-Selbst zu begegnen. Voll und ganz kann ich nur sein, wenn mein ideales Ich, das nur ein partielles Ich ist, durch das reale Ich, das alles ist, ersetzt wird. Ich darf meine Flecken nicht mehr verdecken, ich muß nach hinten blicken, um zu sehen, was da auch noch alles ist. Verschließe ich die Augen vor meinem Schatten, wird er zur Zeitbombe. Ohne zu wissen, welches Potential da lagert, kann ich weder entschärfen noch Sicherheitsventile einbauen. Ich und andere sind dem Destruktionspotential dann hilflos ausgeliefert. Die unter Verschluß gehaltenen Kräfte verschaffen sich durch unerwartete und unverständliche Teileruptionen Luft, oder sie schwelen unterirdisch, melden sich als Vibrationen des Bodens, Erhitzung oder Dampfentwicklung, weit vom Epizentrum entfernt. Unschuldig die Augen zumachen konnte noch der junge Siegfried. Für ihn mußte der Boden massiv und tragend sein. Abschied nehmen von den Illusionen heißt auch: Abschied nehmen vom Glauben an die Unschuld. Wir sind nicht nur Opfer, sondern auch Täter und Verursacher. Bewältigung kann erst angegangen werden, wenn wir das Ausmaß unserer eigenen Destruktion voll in den Blick nehmen und als Teil unseres Selbst akzeptieren. Innenwendung soll zur Aussöhnung führen. An der Schuldfrage weiter zu hadern verhindert den inneren Frieden. Das Entwicklungsziel heißt: annehmen, was ich bin, ja sagen zu der Realität meines Selbst. Nur so kann das Destruktive zum Konstruktiven werden.

In den »Menschenbildern früher Gesellschaften« von Klaus E. Müller (1983) findet sich ein Mythos der Tuareg:

Der Teufel heißt Iblis. Er ist das Böse und der Gegner Gottes. Einst war er ein Engel; nun ist er ein allgegenwärtiger Geist und als solcher auch in jedem Menschen zu finden ... Ohne ihn gäbe es keine Fortpflanzung ... Es ist der Iblis, der das sexuelle Verlangen weckt und sich überhaupt in jedem starken Gefühl, jeder starken Erregung, auch im Zorn kundtut.

Einst gelang es einem Mann, Iblis zu fangen und an einen Stein zu binden. Der Mann glaubte, nun von allem Bösen befreit zu sein. Doch erlosch mit der Gefangennahme des Iblis auch jegliches sexuelle Verlangen in ihm und seiner Frau, und sie kamen schließlich überein, Iblis wieder freizulassen.

Die unerledigten Geschäfte melden sich zurück

Die Tagesgeschäfte haben uns gut 40 Jahre in Trab gehalten. Immer neue Dossiers landeten auf unseren Schreibtischen. Mit dem Blick auf die Zukunft, mit der Orientierung auf die Umwelt waren wir auf die laufenden Geschäfte ausgerichtet. Aufbau und Konsolidierung absorbierten uns; zum Aufräumen blieb da wenig Zeit. Ordnung – die saubere Fassade – haben wir gehalten dank unserer Schubladen, Kramdosen und Geheimfächer. Da verschwand im Laufe der Zeit einiges, was wir zuvor immer wieder von einer Seite auf die andere gelegt hatten, was wir immer wieder zuunterst unter die aktuellen Stapel eingereiht hatten, bis wir es dann ganz aus den Augen haben wollten. Manches davon ist versehentlich hineingelangt, einiges wollten wir nur kurz zwischenlagern, anderes sollte bewußt eine Zeitlang schmoren und reifen – allem ist gemeinsam, daß wir es mit der Zeit vergessen haben. Jetzt taucht langsam das Bedürfnis auf, Ordnung in die Schublade zu bringen. Da gehen Deckel nicht mehr zu, so viel hat sich angesammelt. Es riecht sogar schon muffig aus unseren Geheimverstecken, womöglich finden sich da einige verfaulte Vorhaben, diverse verschimmelte Vorsätze oder gar das eine oder andere stinkende Versäumnis.

Mit der Innenwendung setzen wir auch andere Zeitprioritäten. Auf einmal finden wir die Muße, um hinter unsere Kästen zu gehen. Bisher hatten wir gelebt in einem offenen Horizont von Zeit und Möglichkeiten: »Aufgeschoben ist nicht aufgehoben«, das war unsere Meinung. Wenn wir uns aber nun noch länger Zeit lassen, werden aus den aufgeschobenen Geschäften doch noch aufgehobene.

Ganz zuoberst in unserer Ablage finden wir unsere Alltagsüberbleibsel. Die vielen guten Vorsätze aus zig Neujahrsnächten, die in dieser oder jener Richtung eine Kehrtwendung oder eine Akzentverschiebung hätten bewirken sollen. War es Faulheit, Bequemlichkeit, der Hang zum Gewohnten, was uns daran gehindert hat, sie umzusetzen? Haben sie sich im Laufe der Zeit erledigt, was ist noch immer aktuell? Oder waren es doch nur von außen überkommene Vorgaben, die mit uns selbst wenig zu tun haben und die nun als obsolet über Bord geworfen werden dürfen? Mit dieser Sichtung tun wir uns wohl noch recht leicht. Schwieriger wird es, wenn wir tiefer graben, bis an den Bodensatz unserer Müllhalden vorstoßen. Da haben wir einiges vergraben: Wünsche, Hoffnungen, Träume, die in der Realität unseres Lebens keinen Platz fanden. Nur ungern erinnern wir uns dabei an die Momente, in denen wir etwas davon angemeldet hatten, einen Antrieb, ein Bedürfnis signalisierten, vielleicht ganz behutsam und vorsichtig, so wie eine Schnecke ihre Fühler ausstreckt, und schon war da jemand, der uns unsanft auf die Fühler stupste. Erschrocken, verängstigt, verunsichert haben wir die Fühler wieder eingezogen, auf besseres Wetter, auf günstigere Umstände gehofft – eingetreten sind sie nicht. Jetzt ist die Zeit des passiven Wartens vorbei; wir können nicht endlos auf die äußeren Umstände Rücksicht nehmen. Wenn wir nicht bald die Fühler erneut ausstrecken und uns nicht ins Bockshorn jagen lassen, werden wir zu schwach, zu alt und zu müde sein. Bisher vernachlässigte Lebensziele und Entwicklungspotenzen rumoren und drängen auf Verwirklichung. Die unerledigten Geschäfte – das Aufgesparte und Aufgehobene in unserem Leben, das, was irgendwann noch einmal Platz haben sollte – nun ist die Zeit dafür da.

Die unerledigten Geschäfte haben aber auch noch eine andere Quelle. Individuelle Entwicklung vollzieht sich in einem Spannungsfeld zwischen konträren Polen. Experimentieren und Konsolidieren ist eines dieser Gegensatzpaare; Distanz und Nähe, Weite und Enge, Vielfalt und Vereinzelung, Erweiterung und Vertiefung, Objektivität und Subjektivität, Gemeinschaft und Individualität sind weitere solcher Gegensätze. Fortlaufend bestimmen wir unsere Position zwischen diesen Polen. Gebe ich mich in die eine Orientierung voll ein, so vernachlässige ich zugleich und zwangsläufig den Gegenpol. Die unerledigten Geschäfte, das sind die konträren Pole, denen ich mich nun zuwenden muß. Animus und Anima, das war ein solches Paar. Wie steht es eigentlich mit mir und der Gemeinschaft, wäre eine nun auftauchende Frage. Levinson stellt sie so: »Was gebe ich eigentlich, und was bekomme ich?« Habe ich primär für und in meinem sozialen Umfeld gelebt, dann melden sich nun verstärkt die Ansprüche meines Ichs an: mehr Zeit und Raum für mich allein, Wunsch nach Vereinzelung, Entfaltung der Individualität. Habe ich statt Bindung Freiheit gelebt, experimentiert, erweitert, vielfältigen, oberflächlichen Kontakten Raum gegeben, so spüre ich nun den Wunsch nach dem Du, nach Intimität und Nähe.

So wenig, wie ein Leben ohne unerledigte Geschäfte denkbar ist, so wenig ist auch die vollständige Bereinigung möglich. Es bleibt immer ein Rest: Ungelebtes, Verfehltes, Verschuldetes. Hier und jetzt ist die Aufgabe, zu sichten und eventuell Neupositionierungen vorzunehmen.

Zur Krise der Lebensmitte wird von vielen Menschen Kehrtwendung, Bruch, Aussteigen, Neubeginn assoziiert; das Aufgeschobene soll nun gelebt und realisiert werden. Die unerledigten Geschäfte können aber auch ganz anders bereinigt werden. Trauerarbeit ist dazu wichtig, erkennen, daß nie alles, sondern immer nur einiges gelebt werden kann. Das Spektrum der – fast – unbegrenzten Möglichkeiten am Anfang des Lebens engt sich permanent ein. Mit jeder Entscheidung für etwas ist zugleich eine Entscheidung gegen vieles andere verbunden. Ich habe bisher Entscheidungen getroffen, die mich in die eine oder andere Richtung geführt hatten. Dabei habe ich einige Lebensmöglichkeiten verfehlt, andere aufgeschoben. Jetzt ist zu prüfen, welche Defizite nicht länger aufgeschoben werden dürfen, weil sie rumoren, mich unerfüllt, suchend, unzufrieden, leidend machen: Da ist eine neue Ausrichtung angebracht. In all den anderen Belangen mache ich Frieden, auch mit dem Ungelebten. Ich akzeptiere, diese Lebensmöglichkeiten nicht gelebt zu haben, und ich will sie auch nicht mehr leben, weil ich deutlich weiß: Sie sind für mich, so wie ich bin und geworden bin, nicht mehr zentral, nicht unumgänglich, nicht wesentlich, nicht existentiell.

Wesentlich ist dagegen eines: Nicht dem Verdrängungsprozeß zu unterliegen und die Schubladen geschlossen zu halten. Die unerledigten Geschäfte wollen herausgekramt, ans Licht gestellt, von allen Seiten betrachtet werden. Wozu die Betrachtung führt, ist erst einmal sekundär. Entscheidend ist: Ich habe sie angeschaut, als Teil von mir erkannt und sie damit angenommen. Auch meine ungeborenen Kinder sind meine Kinder, und nur mit ihnen und durch sie bin ich ganz ich.

Abschied von den alten Träumen

Wir sind erwachsen, wenn wir bejahen und anerkennen, daß das Paradies eine Illusion ist, daß wir sterblich sind und, auf uns alleine gestellt, ein Leben, das sowohl gut wie böse ist, zu leben haben.

Wir werden erwachsen, wenn es uns gelingt, neben den Illusionen über das Leben im allgemeinen auch die Illusionen über unser Leben im speziellen aufzugeben.

Noch immer sind wir ein Stück weit Siegfried mit seiner eingeschränkten Optik, mit seinem Glauben an die Machbarkeit und seinem Enthusiasmus für die Utopie. Das Idealselbst war Ausdruck der Utopie, die wir von uns als Person entworfen haben: unsere Lichtgestalt. Hier geht es nun um die Utopien unseres Lebensentwurfs: der große Forscher, die unbestechliche Wissenschaftlerin, die überragende Sportlerin, der begnadete Künstler, die umworbene Schönheit, der weitblickende Manager, die beneidete Karrierefrau, die erfolgreiche Politikerin. Herausragen, auf welcher Stufe auch immer, den Gipfel erreichen, das Besondere sein, nur nicht dahinvegetieren wie die Masse, nur ja nicht ein weiteres beliebiges Rädchen im entmenschlichten Getriebe sein, nur ja nicht verlorengehen und übersehen werden als graue Maus in den Herden gleichförmiger Mäuse, deren Lebenszweck es ist, hinter ihrem Futter herzuwieseln – das wollten wir.

Den ganz persönlichen Lebenstraum haben wir gehätschelt über Jahre. Er war unser liebstes, unser intimstes Kind, vielleicht wußten sogar unsere nächsten Angehörigen nichts von ihm. Er war Lebenshoffnung und Lebensziel zugleich. Er stärkte in den harten Zeiten, und er tröstete in den mageren Jahren. Er war unser ganz persönliches Paradies und wir die Lichtgestalt darin. Die Lebensrealitäten haben ihm jedoch zugesetzt, er hat gelitten; über die Jahre war er uns auch zunehmend etwas entrückt, in seinen Konturen verschwommen und diffus geworden. Wie haben wir reagiert? Die Macht des Faktischen zunehmend anerkannt, ihn in die Traumwelt abdriften lassen, ihm etwas wehmütig, aber auch versöhnt-lächelnd nachgewinkt? – Oder haben wir ihn jederzeit ganz, ganz festgehalten, ihn aufpoliert, neu eingekleidet, Fehlendes ergänzt? Und wenn er uns doch entglitt, sind wir dann verzweifelt hinter ihm hergelaufen, um ihn in einem letzten Effort doch noch zu packen und Realität werden zu lassen?

Erwachsenwerden heißt, dem Faktischen Raum zu geben: in der Selbst- und Fremdbeurteilung kritisch und realitätsadäquat zu denken und zu urteilen. Träume und Illusionen haben als Tröster wie als Orientierungshilfen ausgedient. Die Zeit ist zu kurz geworden, um noch immer dem Irrealen anzuhängen. Statt dessen: den Realitäten ins Gesicht sehen, das bin ich, das kann ich, und mit diesen Pfunden kann ich wuchern. Der Weg in der Lebensmitte ist ein Weg zum Ich. Unterwegs sind wir jederzeit in Gefahr, aus der echten Auseinandersetzung mit uns selbst abzugleiten in narzißtische Selbstbespiegelung und nutzlose Monomanie. Wir haben den angestrebten Weg dann nicht verloren, wenn am Ende eine neue Lebensorientierung steht: kein Traum, keine Illusion, keine realitätsinadäquate Phantasie, sondern ein neues Ziel. Die Kraft und die Erkenntnisse, die aus dem Kampf mit unserer Innenwelt resultierten, wieder einzubringen in die Außenwelt; in einer neuen, übergreifenden Gesamtschau sich wieder den externen Lebensaufgaben zu stellen – das steht am Ende des Weges durch die Lebensmitte.

Dieser Weg ist nicht einfach. Trauer und Zweifel sind seine Begleiter; Ängste, Mutlosigkeit wechseln mit Hoffnungen und neuer Sicherheit. Ein Pfad wird sichtbar, der Gipfel scheint bereits erklommen, und wieder führt der Weg nach unten in neue Unsicherheiten, und wieder wird das schon Erreichte erneut fraglich. Phasen von Regression, von Abwendung und Flucht treten auf. Äußerlich eingebunden im Alltagstrott, erleben wir uns innerlich haltlos, unruhig oder angetrieben. Aus dem Hochgefühl, endlich wieder festen Boden unter den Füßen zu fühlen, Zuversicht und Zukunftsorientierung zu spüren, wird jäh ein Stimmungsumschwung, der uns der aufgebrochenen Hoffnung unversehens wieder beraubt.

Keine Angst – Frau R.

Frau R. ist 43 Jahre alt. Sie hat aus ihrem Leben einiges Schwere zu bearbeiten. Aus belasteten Familienverhältnissen mit Geschwistern aus verschiedenen Beziehungen der Eltern stammend, galt es für sie schon früh, den Kopf freizuhalten, die

Vergangenheit hinter sich zu lassen und »aus dem Dreck zu kommen«. Auch ihr Aufbruch war mehr eine Flucht und notwendig zum Überleben. Eine »Gier zu lernen« ist ihr geblieben und eine Lust, aber auch eine Unrast, alles auszuprobieren. »Zügeln« war ein Thema von ihr, schon als Kind wurde immer wieder umgezogen; umziehen habe sie im Blut. Ihre Biographie ist über Schule und Lehre noch überschaubar. Dann hat Frau R. Mühe, nichts zu vergessen und die chronologische Reihenfolge einzuhalten: Aushilfsjobs, Auslandsaufenthalte, vom Spital zum Tourismus, von der Schafzucht zur Alternativmedizin, vom Schulsekretariat in die Privatwirtschaft und zurück ins Spital. Dort, wo sie hätte bleiben wollen, konnte sie nicht, und dort, wo sie konnte, wollte sie nicht. Mit »Suchen und Finden« überschreibt sie ihren Weg. Verständlich, daß sich da viel angesammelt hat. Jetzt steht Frau R. in einer zweiten Ausbildung zur Sozialarbeiterin. Mit diesem Entschluß hat sie Konstanz in ihr Leben gebracht. Jetzt kann sie die Sichtung und Verarbeitung angehen. Ihre Situation beschreibt sie mit einem sehr schönen Bild: »Ich bin in meinen eigenen Sumpf hineingestiegen. Jetzt habe ich die Werkzeuge dazu, um darin nicht unterzugehen. Es ist gefährlich, aber ich habe Freude daran, daß ich es wage, da drin umherzulaufen. Vor ein, zwei Jahren hätte ich es mir nicht getraut, jetzt traue ich es mir zu. So weh das tut, das alles wieder anzuschauen, so stolz macht mich das auch.«

VII. Aus dem vollen schöpfen

Um weise zu sein, brauche es Intelligenz und Mitgefühl, sagen die Indianer. Jetzt ist die Zeit der Reife und damit auch die Zeit der Weisheit. Intelligenz – das Erkennen, Erfassen, rationale Deuten und Erklären der Welt – war das Thema des frühen Erwachsenenalters, die Bearbeitung der Außenwelt das damalige Ziel. Die menschliche Dimension stand in der Lebensmitte im Vordergrund. Krisenhafte Tiefpunkte, Selbstzweifel und partielle Perspektivlosigkeit erweiterten das Spektrum der seelischen Qualitäten. Näher bei sich zu sein heißt immer zugleich auch, näher bei anderen sein zu können. Mitgefühl ist ein Wort für mitmenschliche Nähe, emotionales Verstehen und Beziehungsfähigkeit. Mit der Bearbeitung der Innenwelt bereicherte sich die erklärende um die mitmenschlich-soziale Sichtweise. Die Verbindung und Integration der rationalen und der emotionalen Seite in einer übergeordneten, umfassenden Gesamtschau leitet über zu einer neuen Lebensphase: Jetzt ist die Zeit der großen Ernte, jetzt können wir aus dem vollen und dem ganzheitlich Menschlichen schöpfen.

Reichtum und Reife – Herr O.

Im Gespräch hat sich Herr O. spontan besonders zu Fragen der Reifezeit – seinem Lebensabschnitt – Gedanken gemacht. Seine sehr differenzierten Wahrnehmungen und Reflexionen spiegeln die theoretischen Ausführungen eindrücklich. Herr O. soll daher im folgenden ausführlich zu Wort kommen.

Sein Lebensweg begann vor mehr als 55 Jahren in einem kleinen Ort im Kanton Thurgau. Der Vater führte ein großes Transportunternehmen. Die Mutter betreute als Hausfrau Herrn O. und seine jüngere Schwester und erledigte im Geschäft administrative Aufgaben. Nach Primar- und Sekundarschule trat er in das Geschäft des Vaters ein, auf dessen Wunsch und ohne innere Überzeugung. Eine Wende in seinem Leben bewirkte kurz darauf eine schwere Erkrankung. Die langwierige Genesung ließ den Berufswunsch Medizin reifen. Diesen Plan verfolgte er zielstrebig auch gegen den massiven Widerstand des Vaters, der sein Lebenswerk ohne einen Erben gefährdet sah. Beide Eltern starben noch während der Studienzeit. Zur Mutter bestand schon immer eine gespannte Beziehung, man habe viel Krach miteinander gehabt, und von daher war schon eine weitgehende Loslösung eingetreten. Der Tod des Vaters hinterließ Schuldgefühle, brachte aber gleichzeitig eine spürbare Entlastung von dem beträchtlichen Normendruck. Die erste Ehe von Herrn O. – Mitte 20 geschlossen – löste sich auf, als er Anfang 40 war. Zu den längst erwachsenen Kindern bestehe ein herzlicher, aber gelöster Kontakt. Inzwischen ist Herr O. wieder verheiratet. Das Verhältnis zu seiner Schwester, dem Lieblingskind der Eltern, besonders der Mutter, war früher ebenfalls recht gespannt. Nun bestehe eine gute, ruhige Beziehung, allerdings über größere räumliche Distanz. Beruflich leitet Herr O. eine Rehabilitationsklinik. Die Tatsache, daß er sich bei seiner beruflichen Beanspruchung für ein Gespräch zu seinem Lebensweg Zeit nahm, zeigt bereits, daß er Persönlichkeitsinhalte gleichwertig neben Berufsinhalte zu stellen gewohnt ist.

Rückblickend wertet er folgendermaßen: »*Im Zeitraum zwischen 20 und 30 stand für mich die äußere und machbare Realität im Vordergrund. Ich hatte noch den Machbarkeits-*

wahn. Obwohl ich in meinem Beruf und auch privat schnell gemerkt habe, daß nicht alles möglich ist, wollte ich auf diesen Traum doch noch nicht verzichten. Beruflich war mir immer klar: Das ist es, ich passe in den Beruf. Ich war bereits so weit selbständig, daß ich mich beruflich behaupten konnte. Das Motto damals könnte heißen: ›Den Platz suchen: Berufsbildung, Beziehung finden, Familie gründen.‹ Den Platz nach außen hatte ich schnell gefunden, da war ich kompetent, nach innen, bezüglich des inneren Platzes, da war ich noch ganz unsicher. Ein Problem war sicher: meine Sensibilität zu bewahren und doch eine genügend dicke Haut zu bekommen.

Etwa mit 32 hat es zwei Entwicklungslinien gegeben: Die berufliche Entwicklung verlief kontinuierlich. Meine Situation hat mich total befriedigt: Ich war herausgefordert und konnte etwas bewirken. Persönlich kamen die ersten Gedanken: Ist es das? Soll es das gewesen sein? Ein Unbehagen eher intellektueller Art machte sich bemerkbar, das Gefühl, vor lauter Zielen und Aufbau das Leben verpaßt zu haben. Das, was ich lebte, war nicht das volle Leben, ich spürte so eine Art Distanz. Meine Rollen als Mann, Ehemann in der typischen Zweierbeziehung und als Vater mußten gründlich überdacht werden. Das vollzog sich aber nur innerlich, nach außen habe ich funktioniert, habe mich beruflich weiterentwickelt, war auch immer uneingeschränkt identifiziert mit dem, was ich beruflich tat.

Zwischen 40 und 50, da war für mich schon eine menschlich intensive Zeit, auch nach der Trennung von meiner ersten Frau – eine Wendezeit: Wurzeln erkennen und danach handeln; Fühlen und Handeln in Einklang bringen. Dann war da die Herausforderung zur Selbständigkeit. Ich mußte unabhängig werden. Fremdbestimmung wurde mir je länger, je mehr unerträglich. Ich konnte keine Abstriche mehr machen, ich habe meine Erfahrungen und meinen Stil, davon kann ich nicht abgehen. Dann ist da der Machtaspekt. In meiner Position muß ich mich damit auseinandersetzen: wie führen? Wenn man jün-

ger ist, agiert man aus Positionen heraus. Es braucht Reife, auf externe Machtpositionen zu verzichten. Männer sind ja den äußeren Insignien stark verhaftet, deshalb haben sie es auch schwerer als Frauen, zu sich zu kommen. Man muß führen können aus persönlicher Autorität und Kompetenz. Ja, und dann ist es sicher eine Herausforderung, das Leben nicht zu verpassen, da zu einem guten Verhältnis zu finden.«

Und wie sieht es jetzt – gegen 60 zu – für Herrn O. aus?

»In gewissen Sachen – zum Beispiel extreme berufliche Beanspruchung – spüre ich deutlich, daß ich den Höhepunkt überschritten habe. Trotzdem habe ich heute ein stärkeres Lebensgefühl. Ich spüre von allem – auch von Belastungen – mehr; das ist aber eine Bereicherung. Neue Potentiale nehme ich an mir wahr: soziale Kompetenzen, mitmenschliches Verständnis. Früher habe ich Sachverhalte eher leistungsmäßig beurteilt, jetzt mehr verständnismäßig. Das stärkere Lebensgefühl resultiert sicher aus der erweiterten Wahrnehmung und dem Verständnis. Weisheit und Souveränität würde ich sagen. Ich denke, das wird wohl noch zunehmen. Die Herausforderung für mich jetzt besteht im Sicherheitsdenken. Wenn keine Herausforderungen mehr kommen, legt man die Limite für sich immer tiefer. Es gibt keine Entwicklung mehr, man stagniert. Weil ich nicht stagnieren will, muß ich gegen das Sicherheitsdenken ankämpfen und wieder neue Herausforderungen suchen. Deshalb mache ich noch eine Ausbildung im Management. Das Sein ist wichtig, das zu leben, was man hat und ist, aber man muß immer noch Entwicklungen mitmachen. Ich will nicht bequem werden, ich will nicht jetzt schon sterben.«

Und in anderem Zusammenhang: *»Für mich geht es bei der Entwicklung darum, das Potential und die Kompetenzen, die man hat, kennenzulernen, zu fördern und in diesem Rahmen Verantwortung zu übernehmen. Die Entwicklung anzunehmen, nicht stehenzubleiben, lebensphasengerecht zu leben.*

Man macht eine körperliche und eine psychische Alterung durch. Man kann seiner eigenen Entwicklung nicht entgehen – Goethe sagt: ›So mußt du sein, dir kannst du nicht entfliehen.‹ Trotzdem muß man seinen Raum selber finden, Handlungsspielraum ist da. Es geht darum, den Raum für die eigene Verantwortung zu erkennen, zu wissen, wo mein Spielraum ist, und den zu nutzen.«

Die neue Lebensqualität

Für Robert Peck, der sich 1972 speziell mit der Entwicklung in der zweiten Lebenshälfte auseinandergesetzt hat, besteht die Aufgabe der Reifezeit in der Umwertung bisher gültiger Leitwerte. In seinem Katalog wird zuoberst ein Wechsel von Quantität zu Qualität gefordert. Was das heißen kann, hat Herr O. formuliert als Gegensatz von »leistungsmäßiger« und »verständnismäßiger« Beurteilung. Wegkommen von der Anhäufung von Mengen, der additiven Aufstockung von Anzahlen, die zu trennen, zu messen und zu verrechnen sind; hingelangen zu einem Verständnis für die zentrale Struktur, zu einem Herausarbeiten der charakteristischen Beschaffenheit – das meint die Wendung von der Quantität zur Qualität.

Frau Z., die als Lehrbeauftragte tätig ist, hat diese Entwicklung in ihrer beruflichen Laufbahn selbst erlebt und beschreibt sie so: *»Meine Seminare haben sich verändert. Früher habe ich auf der Sachebene doziert, Theorien, empirische Fakten, Einzelergebnisse, Auflisten von Daten, wie es halt wissenschaftlich üblich ist. Heute interessiert mich das nicht mehr. Jetzt stehen die Zusammenhänge im Vordergrund. Bedingungsverhältnisse und Vernetzungen, die Dynamik in Syste-*

men, auch Ordnung, Struktur, Hierarchie, das ist doch viel zentraler. Man wächst mit dem Alter aus der Faktenhuberei heraus. Und noch etwas kommt hinzu: Zur Qualität gehört auch ein Mensch, der sich bekennt zu seinen Themen. Was die Auszubildenden beeindruckt und auch für sie bleibt, ist nicht die blutleere Anhäufung von Theorien, sondern die von einem echten Menschen verkörperte Meinung.«

Qualitätsbewußtsein macht anspruchsvoll. Die einfache Außenseite vermag nicht mehr zu befriedigen. Auch im Umgang mit Dingen und Anforderungen ist der Binnenaspekt gleichwertig: nicht nur wissen, was die Welt ist, sondern vor allem, was sie im Innersten zusammenhält. Diesem Anspruch muß nun genügt werden.

Das Votum von Frau Z. hat noch einen weiteren Punkt herausgestellt: Sie spricht von einer Verbindung zwischen Mensch und Sache, zwischen Leistung und Leistungsträger. Zum Alter gehört ein anderer Umgang mit der Subjektivität. Das »reine« Wissen, die objektive Faktenebene, die nachprüfbare Sachlage, das wissenschaftliche Objektivitätsideal – das ist die Außenebene. Sie ist unverzichtbar, aber als alleiniger Blickpunkt unbefriedigend. Sie muß herausfordern zur Interpretation, zur Deutung, zur Wertung, zur Einordnung, zu den inneren qualitativen Prozessen, die ein deutendes, denkendes und wertendes Subjekt voraussetzen. Die objektive Ebene ist die unverfängliche. Hinter den sachlichen Aussagen ist der Mensch austauschbar. Das ist lange eine große Hilfe, denn hinter dem Faktischen kann man sich wunderbar verstecken: Ich habe mit dem objektiven Befund ja nichts zu tun, die Zahlen sprechen ihre eigene Sprache. Nun meldet sich der Anspruch an, nicht mehr sprechen zu lassen, sondern selber zu sprechen. Der Impuls ist da, hinter die objektive Ebene zu gehen, zur subjektiven Wertung vorzustoßen. Sache und Person durchdringen sich. Aus der Gesamtschau leben und arbeiten heißt, Sachverhalte zu Inhalten der eigenen Person werden zu lassen. Engagement, Liebe zur Sache, Mut zum Standpunkt, das ist ein Aspekt der neuen, befreienden Lebensqualität: Ich bin, was ich sage. Ich brauche nicht die Absicherung, den Schutzschild, nicht die Akzeptanz und die Billigung, ich brauche nur eines: das mit meiner ganzen Person auszudrücken, was mir wichtig ist. Die Kraft und die Unabhängigkeit dafür resultieren aus der gewonnenen Authentizität.

Qualität statt Quantität kennzeichnet auch den neuen Arbeitsstil. Den jüngeren Erwachsenen zeichnet vor allem die erhebliche und beeindruckende Willensstoßkraft aus. Hindernisse sind dazu da, um in gesammeltem Effort überwunden zu werden, Schwierigkeiten, um in geballtem Anstoß überrannt zu werden. Das ist nun nicht mehr Sache des reifen Arbeitsstils. Jetzt kommt der Marathonläufer zum Zuge, der in kalkuliertem und dosiertem Kräfteeinsatz Dauerleistung erbringt. Zäh, geübt im Aushalten von Widerständen, trainiert im Überwinden von Tiefpunkten, verfolgt er mit erheblicher Willensspannkraft sein Leistungsziel über große Zeitdistanzen. Der ingeniöse Einfall wird nicht seine Sache sein, er erlebt aber höchste Befriedigung in der hartnäckigen Verfolgung von Fernzielen. Erfahrung, Überblick, Durchhaltefähigkeit, Belastbarkeit, Kompromißfähigkeit machen ihn da überlegen, wo die einfachen Sofortlösungen versagen. Es sind die ausgebildeten Persönlichkeitsmerkmale, die den Arbeitsstil nun prägen: sich zu kennen, seine Kräfte einteilen zu können, Wesentliches von Unwesentlichem zu trennen, krisenfest und kompromißfähig zu sein.

Die innere und äußere Freiheit, Standpunkte zu beziehen, auszuwählen, persönliche Meinungen zu äußern, die eigene Linie zu verfolgen – das ist die neue Lebensqualität. Und noch eines: der Mut zur Lücke. Jahrelang sind wir dem hinterhergerannt, alles zu wissen, uns nur keine Blöße zu geben, überall mitreden und mitmachen zu können. Das hat uns unter Druck gesetzt, inneren Streß und Betriebsamkeit ausgelöst. Mit der Annahme unserer positiven Seiten, unserer Potenzen und Schwerpunkte stehen wir auch zu unseren Schwächen und zu unserem Unvermögen. Mut zur Lücke zu haben, das entlastet von unangemessenem Perfektionismus. Überrascht und befreit stellen wir fest: Wir sind immer noch jemand, auch wenn wir dieses und jenes nicht wissen, nicht können, nicht geben und nicht darstellen.

Luxus jenseits von Konsum

Wo noch wenig Selbst ist, da muß das Ich aufgebläht werden, konstatierte C. G. Jung. Und so haben wir uns nach außen ausgestattet, unser Ich genährt, gekleidet, geschmückt, unseren Lebensstil verfeinert, kurz: Aufwand getrieben, um Beachtung zu gewinnen und Bedeutung zu entfalten. Wenn uns der Mega-Luxus auch nie zugänglich war, wir es nie so üppig, prunkvoll und schwelgerisch treiben konnten, wie wir es unserem Ich gewünscht hätten, so fiel von den billigen Kopien doch noch genügend Glanz auf uns. Mit dem erstarkten Selbst wird diese materielle Form des Güterluxus zu dem, was er auch ist: überflüssig, weil nicht notwendig. Statussymbole – und darin erschöpft sich das allgemeine Verständnis von Luxus – sind nur Krücken auf dem Entwicklungsweg. Jetzt sind wir für den freien und sicheren Gang reif geworden, werfen wir sie also weg! Eingedeckt und übersättigt vom Luxus des Überflüssigen, erkennen wir, daß es nun andere Dinge sind, die uns Genuß, Verwöhnung und das Nicht-Alltägliche bieten.

Die drängende Zeit hatte uns gelehrt, hauszuhalten. In der zeitlichen Beschränkung auf das Wesentliche erfahren wir einen neuen Luxus, nämlich den, genügend Zeit zu haben. Freie Zeit und unverplante Lebensräume, die Sehnsucht von Tausenden – das hat der, der zu einer Entflechtung seiner Verantwortlichkeiten gelangt ist, der seine Abhängigkeiten von Überflüssigem, Nicht-Notwendigem, Sekundärem gelockert und seine Sachzwänge reduziert hat. Zeit ist das wichtigste der neuen Luxusgüter der Reifejahre. Zeit zu haben für die Dinge, die ich tun will; selber entscheiden zu können, wann und wieviel Zeit ich wofür einsetzen will. Autonomie zeigt sich zuerst in der Kompetenz für das eigene Zeitmanagement.

Um unser Ich aufzublähen, konnte es nicht groß und großspurig genug zu- und hergehen; es sollte ja ins Auge stechen und blenden. Warum sich auch mit dem Kleinen zufriedengeben, wenn das Große so wohlfeil zu haben ist? Daß im Gigantismus mit dem Kleinen auch das Wesentliche verlorengeht, ist uns nun offensichtlich. Wir haben nun Zeit, gerade für die kleinen und unbedeutenden Alltagsdinge. Lebensqualität ist nicht, vieles zu sehen, sondern weniges ganz tief. Der Makrokosmos ist im Mikrokosmos eingeschlossen. Es ist der neue Luxus, nicht dort zu sein, wo alle sind, und das zu sehen, was alle glauben sehen zu müssen, sondern dort zu sein, wo niemand ist, und da etwas zu sehen, was so nur ich alleine sehen kann.

Die neue Lebensqualität macht hellhörig für die jahrzehntelange Überforderung unserer Wahrnehmung: Selektion wird zum Grund- und Luxusbedürfnis zugleich. Erst in der Stille erschließen sich alle Dimensionen eines sinnlichen Erlebens; erst im entleerten Raum ist Platz für die Entfaltung der inneren Person. Intimsphäre leben und Erfüllung finden zu können, im Austausch mit sich selber, ist ein Geschenk, gerade im Zeitalter der Öffentlichkeit und der Massenkommunikation.

Der neue, stille und leere Raum muß auch zu einem offenen Raum werden. Die Zurschaustellung des materiellen Luxus hat zwei Seiten: Da ist das aufgeblähte Ich mit der narzißtischen Befriedigung, die wir genießen, da ist aber gleichzeitig auch die gravierende narzißtische Bedrohung durch den Neid der anderen. Je mehr ich anhäufe, desto mehr muß ich sichern: durch Alarmanlagen schützen, in Safes verschließen, durch hohe Mauern unzugänglich machen. Das Gefühl der Bedrohung, der mangelnden äußeren Sicherheit, ist der Preis des Luxus. Die Sorgen um Geld, Besitz und Wohlfahrt rauben Lebensqualität, machen mißtrauisch, argwöhnisch, abweisend. Wer nichts hat, braucht nichts einzuschließen; er lebt leicht und offen. Seine Sorgen gelten nicht dem Haben, sondern dem Sein, dem er Sorge trägt, mit dem er sorgsam und sorgend umgeht. In einer Kultur der Bescheidenheit haben wir nun echten Luxus gefunden, der weit weg von alltäglichen Genußnormen und deshalb so rar und kostbar ist.

Freiheit – erworben und geschenkt

Wer von Freiheit spricht, auf Freiheit pocht, kann sich des Beifalls heute sicher sein. Der freiheitliche Staat wahrt seinen mündigen Bürgern das Grundrecht der persönlichen und politischen Freiheit. Welcher Freiheit aber?

Wir denken dabei wohl alle zuerst einmal an uneingeschränktes Ausleben, an Abwerfen ungeliebten Ballasts, an Sprengen gesellschaftlicher Fesseln, an Überwinden persönlicher Hemmnisse. Frei sein heißt ungebunden, uneingeschränkt, unabhängig zu sein; heißt, sagen und tun zu können, was immer wir wollen, und uns hinbegeben zu können, wohin auch immer wir wollen. Freiheit ist ein Vorrecht, das uns zusteht, das wir einklagen und das wir uns notfalls nehmen, wenn es uns nicht freiwillig eingeräumt wird.

Diese Art von Handlungsfreiheit ist die Freiheit der frühen Jahre. Jetzt liegt der Akzent auf der inneren, der psychischen Freiheit, auf der Denk- und Willensfreiheit. Die Freiheit, die wir nun immer stärker wahrnehmen, ist die eines autonomen, selbstbestimmten Geistes. Es ist das überlegte, besonnene Wollen, das unabhängig macht von äußeren und inneren zufälligen Momentanreizen. Die von mir gewollte Norm sagt mir, was ich tun und lassen sollte. Diese Art von Freiheit ist keine, die von außen eingeräumt, gewährt, geschützt werden kann, sie kann nur aus Eigenerziehung resultieren, aus Selbstbeherrschung und Selbstbestimmung. Deshalb ist sie ein Thema des reifen Erwachsenen.

»Ich bin, was ich entfalte – nichts mehr, aber auch nichts weniger«, das macht frei. Keine Rolle, keine Maske tragen zu müssen, nichts sein, nichts darstellen zu müssen, das ist die neue Freiheit. Lebenserfahrung in der Außenwelt, Selbsterfahrung in der Innenwelt haben die Grenzen aufgewiesen. Nun mit Selbstbewußtsein zu diesen Grenzen zu stehen, das macht das freie Individuum aus. Konkret heißt Freiheit in unserem Sinne vor allem: auszuwählen; nicht alles mitmachen zu müssen; nicht alles wissen und können zu müssen; Standpunkt zu beziehen; die eigene Linie zu verfolgen; Mut zur Lücke zu haben.

Die Zeit hat uns gedrängt und zur Entscheidung herausgefordert. Was zuerst als Verlust und Verarmung erschien, offenbart sich nun als Reichtum: »Weniger ist mehr«, wird nicht mehr so obenhin gesagt, sondern tatsächlich gelebt. Das erzwungene Abwählen schafft ungeahnte Freiheitsräume. Auf das nun Gewollte und Gesollte können unerwartete Energien gerichtet werden. Auch wir sind nun soweit, »es andere machen zu lassen«, wie es Theodor Fontane (1819–1898) in seinem Gedicht »Aber wir lassen es andere machen« formuliert hat.

Ein Chinese ('s sind schon an zweihundert Jahr)
In Frankreich auf einem Hofball war.
Und die einen frugen ihn: ob er das kenne?
Und die andern frugen ihn: wie man es nenne?
»Wir nennen es tanzen«, sprach er mit Lachen,
»Aber wir lassen es andere machen.«

Und dieses Wort, seit langer Frist,
Mir immer in Erinnerung ist.
Ich seh das Rennen, ich seh das Jagen
Und wenn mich die Menschen umdrängen und fragen:
»Was tust du nicht mit? Warum stehst du beiseit?«
So sag ich: »Alles hat seine Zeit.
Auch die Jagd nach dem Glück. All derlei Sachen,
Ich lasse sie längst durch andere machen.«

In der Erkenntnis, vieles schon hinter sich gelassen zu haben, schwingt nicht nur Wehmut mit, nicht nur eine Spur lächelnder Nachsicht mit denen, die noch voll im »Machen« drin sind, sondern vor allem sehr viel Erleichterung, das nun hinter sich gelassen zu haben.

Von seinen Erfahrungen mit dieser Erkenntnis, weiter zu sein, über manches schon hinausgewachsen zu sein, berichtet uns Herr Q. (58): *»Ich bin mit dem Älterwerden selektiver geworden, man läßt manches, wird auch konzentrierter, man hat das gemacht, es muß nicht mehr sein. Man hat Déjà-*

vu-Erlebnisse derart, daß man alles schon mal gehört und erlebt hat. Das stört mich aber nicht, im Gegenteil, ich sehe das eher positiv, man verzettelt sich weniger. Ich bin jetzt auch viel emotionaler im Standpunkt, schließe Sachen aus, weil sie mich nicht ansprechen. Ich leiste mir zu sagen: Interessiert mich nicht. Ich habe schon relativ früh gesagt: Mache ich nicht. Diese Themen sind mehr geworden, bei denen ich sage: Man macht das vielleicht, ich mache das nicht. Ich lasse mir nicht mehr sagen, wie ich zu leben habe. Das zunehmende Alter gibt Freiheit von Zwängen. Mir tun die Jungen leid, die sich noch so stark nach außen ausrichten müssen. Ich will vermehrt einen Weg finden, nicht zu ›müssen‹.«

Nicht mehr zu müssen ist der erste Schritt zum Loslassen von all den Sachen, um die wir kreisten. »Unter dem Gesichtspunkt der Ewigkeit«, wie es Spinoza ausdrückte, beginnen sich die kleinen Problemchen des Alltags zu distanzieren. Weisheit heißt auch: eine philosophische Grundhaltung sich und der Welt gegenüber. In größeren Zusammenhängen zu denken und zu werten, von einem übergeordneten Standpunkt aus zu sehen und zu urteilen, das löst die Einbindung in Belangloses und Fragwürdiges. Unter dem Gesichtspunkt der Ewigkeit verteilen sich die Gewichte neu. Das zu akzeptieren, was nicht zu ändern ist, führt zur Grundhaltung von Gleichmut und Ausgeglichenheit. Auch das – die kleinlichen Alltagssorgen und Alltagsreibereien – lassen wir andere machen und genießen die innere Freiheit, darüber zu stehen.

Freiheit erwächst auch aus Sicherheit. Auf die Sicherheiten der frühen Jahre – Status, Erfolg, Anerkennung, Bestätigung – können wir verzichten. Auch die neue Sicherheit ist nun eine innere und selbsttragende: zu wissen, wer wir sind, was wir wollen und was wir brauchen. Auch das haben wir hinter uns gelassen: die belastende

Herausforderung zur Wahl, die quälende Unsicherheit der Entscheidung. Zwischen Wesentlichem und Unwesentlichem trennen zu müssen, das hat uns manche unruhige Stunde gekostet. Nun gelingt es mühelos, einfach, wie zwangsläufig; Klarheit und Sicherheit sind aus der Selbsterkenntnis und Selbsterfahrung im Lebensweg erwachsen. Auch darin werden Kräfte frei und Energien verfügbar. Unsicher und zögernd standen wir an den Weggabelungen, hoffend auf einen Führer, suchend nach richtungweisenden Zeichen am Wegrand. Nun kennen wir die Richtung schon lange, bevor wir den Scheidepunkt erreichen, und ohne Aufenthalt setzen wir unseren Weg fort in der inneren Gewißheit über das Ziel.

Herr C. hat in seiner Lebenslaufschilderung von Zukunftsängsten gesprochen, die ihn mit Ende 20 beschäftigten: »Hört das denn nie auf? Schaffe ich die (persönliche) Konsolidierung so, wie ich es mir vorstelle, oder vielleicht doch nicht so?« Frau Z. sprach rückblickend von ihrer Angst als jüngerer Mensch, plötzlich vor »Löchern« zu stehen, daß es nicht mehr weitergehe, daß auf einmal keine Ziele und Orientierungen mehr da seien. Hier begegnet uns eine tiefe Verunsicherung vor der eigenen Entwicklung. Wenn ich mich als Motor des eigenen Lebenslaufs begreife, so ist die Frage nach den Kräften schon mitgestellt. Wird es mir gelingen, mich anständig »über die Runden« zu bringen? Viele gelebte Lebensjahre bringen hier Sicherheit: Es hat keine Löcher gegeben, hinter dem Ziel ergab sich wie von selbst das nächste; der Weg verlief in vielen Kurven, manchmal auch als Schleife sogar in entgegengesetzte Richtung, aber doch immer weiter; es gab manchen Absturz, aber keinen, aus dem ich mich nicht hätte emporarbeiten können; es gab manchen Sturm, der mich beutelte, aber keinen, der mich im Kern zerbrach. Auch diese Art von persönlicher Sicherheit nimmt Ängste und bedeutet damit ein weiteres Stück innerer Freiheit.

Frau R. hatte ihre Befindlichkeit in der Lebensmitte in das Bild vom Sumpf gekleidet, in den sie nun einsteige und in dem sie umherlaufe. Sie sprach von ihrer Hoffnung, sich darauf verlassen zu können, daß der Boden trägt, gewiß zu sein, daß der Sumpf nicht tiefer ist als der Stiefelschaft. Diese Gewißheit ist nun erreicht.

Nur »ich selbst« ist nicht mehr genug

Die Zeit der Reife ist eine Zeit der neuen Energien. Viele unserer Antriebe waren eingebunden in die Meisterung zuerst der Außenwelt und dann der Innenwelt. Der Aufbau unseres äußeren Lebensrahmens, die Bewältigung unserer innerseelischen Problemlage hat uns viele Jahre auf uns und unseren engeren Lebenskreis konzentriert. Nun öffnet sich der Blick. Diese Aufgaben sind nun bewältigt, somit Energien frei für übergeordnete, außer uns liegende Herausforderungen.

Das spricht Robert J. Havighurst an, wenn er in seinem Katalog von Entwicklungsaufgaben (1972) für das reife Lebensalter die Übernahme sozialer und politischer Verantwortungen postuliert. Peck (1972) spricht in seinen Entwicklungsaufgaben von der Umwertung der Leitwerte: Weisheit statt Kraft, Qualität statt Quantität und auch Sozialisierung statt Sexualisierung.

Sexualität als eine der zentralen Schienen von Selbsterleben und Selbstausdruck, als eine der fundamentalen Kräfte zur sozialen Bindung gewinnt nun als Sozialisierung eine neue, übergreifende mitmenschliche Qualität. Männer und Frauen begreifen sich als Menschen, die gemeinsam füreinander sorgen und ein soziales Gemeinwesen tragen. Die Herausforderung durch Animus und Anima trägt nun Früchte: Wir begegnen einander auf einem neuen Niveau. Wir erkennen im Gegenüber nicht mehr nur die Herausforderung durch das andere Geschlecht, sondern auch die Ergänzung und Bereicherung durch den anderen Menschen. Die im Geschlechterkampf eingebundenen Energien werden so frei für gemeinsame Aufgaben.

Philipp Lersch, der große alte Persönlichkeitspsychologe, hat in seinem »Aufbau der Person« (1951) die Differenzierung des Individuums auf drei Stufen beschrieben. Antriebserlebnisse des »Über-sich-hinaus-Seins« stellen die dritte Stufe dar. Miteinander- und Füreinander-Sein, Teilnahme und Teilhabe gehen über die individuelle Person hinaus. In der Vollentwicklung erreicht die Persönlichkeit transitive und übergeordnete Orientierungen; das Ich wird durch das Du ergänzt und überhöht. Diese Entwicklungstendenzen dominieren die Reifezeit. Sie sind die nun anstehende Entwicklungsaufgabe.

Aber waren wir denn nicht schon immer soziale Wesen, in Gemeinschaften eingebunden, in unserer Freiheit abhängig vom Freiheitsspielraum der anderen, herausgefordert zur Anpassung, verpflichtet zur Sorge und Teilhabe, aufgerufen zu sozialer Verbindlichkeit? Weshalb erst jetzt das Thema der sozialen Verantwortung? Wo bleiben da die vielen jungen, sozial engagierten und bewußten Menschen?

Wie alle Entwicklungsaufgaben ist auch der soziale Aspekt jederzeit und auf allen Entwicklungsstufen relevant, jedoch mit unterschiedlicher Akzentuierung. Eine neue Haltung bestimmt in der Zeit des reifen Erwachsenenalters die soziale Einstellung: Es wird ein neuer Außen- und Sachbezug spürbar; eine neue Offenheit und echte Toleranz deutlich.

Sich selbst bewältigen heißt, sich selbst zurücknehmen zu können. Der neue Sachbezug ist unmittelbar am Sachverhalt interessiert und orientiert, ist zweckfrei und ichfrei. Die narzißtischen Besetzungen sind abgezogen. Ich engagiere mich für eine Sache, ein Projekt ausschließlich aus sachlichen Motiven; ich selbst mit meinen Hoffnungen, Wünschen und Ansprüchen bleibe draußen. Es geht mir nicht um einen persönlichen Zugewinn, sondern nur um die Sache. Entsprechend bin ich belastbar und konfliktfähig. Ein Scheitern schmerzt mich nur für die Sache, nicht für mich. Mein Einsatz wird durch den sachlichen Gewinn entlöhnt, nicht durch die narzißtische Gratifikation. Das macht mich frei und unabhängig: Ich bin auch nicht mehr manipulierbar und erpreßbar.

Die neue Sachlichkeit wird ergänzt durch eine reife Mitmenschlichkeit. Zentral ist das Bewußtsein, daß für den Menschen soziale Beziehungen lebenswichtig sind. Wir leben in einem sozialen Netz, ohne uns darin aufzugeben. Wir lieben unsere Mitmenschen und bewahren doch jene heilsame Distanz, die zu Humor befähigt. Weder uns selbst noch die anderen nehmen wir allzu ernst; weil wir über uns lachen können, dürfen wir auch über andere lachen. Unverkrampft, innerlich und äußerlich frei ist unser Umgangsstil. Aus den Höhen und Tiefen unserer Selbsterfahrung ist ein weites, tolerantes, verstehendes Sozialverhalten erwachsen. Die eigene Freiheit im Denken und Verhalten macht liberal und großzügig. Der Gang durch die eigenen Tiefen hat uns mit Grundängsten konfrontiert; jetzt sind wir neu gesichert. Was sollte uns denn danach noch passieren? Wer sich geborgen in sich selbst erlebt, hat von außen nichts mehr zu fürchten. Zu der Freiheit im Denken und Handeln kommt die Freiheit im Fühlen: Andere Lebens- und Denkformen werden als Bereicherung erfahren; angstfrei aus eigenem seelischen

Reichtum begegne ich dem Fremden und nehme es an, so wie ich das Fremde in mir angenommen habe. In diesen Voraussetzungen liegen die neuen Akzente für die soziale Aufgabe.

An zwei Punkte muß gerade in diesem Zusammenhang erinnert werden: Chronologisches und psychologisches Alter können sehr weit auseinanderfallen. Und: Wir sprechen immer von Zielsetzungen und Wünschenswertem, nicht von Realitäten. Manche jüngeren Menschen gehen auf dem Weg zu einem reifen Sozialverhalten älteren voran, die ihrerseits in ihrem Agieren erkennen lassen, daß sie noch nicht einmal den entsprechenden Wegweiser erreicht haben. Die Politik bietet hierfür reiches Anschauungsmaterial.

Ich bin, was ich entfalte

Viel war die Rede bisher von erreichten Zielen, neuen Sicherheiten, von Freiheitsräumen und Lebensqualitäten. Heißt das nun, daß wir uns getrost zurücklehnen sollen, selbstgefällig und selbstzufrieden ausruhen dürfen in der befriedigenden Gewißheit, so weit und viel weiter als andere gekommen zu sein? Ist das Leben aus der Gesamtschau im Reifealter eine Art psychologisch sanktioniertes Pharisäertum, wo wir in geistigem Hochmut vor allem einmal uns selbst dankbar sind dafür, daß wir besser sind als andere? Hier spricht Erikson eine ganz andere Sprache: Die Gefahr der Reifezeit besteht in der Stagnation, so seine Aussage. In saturierter Zufriedenheit auf der Stelle zu treten, die gewonnenen Strukturen zu Mauern werden zu lassen, um das Erreichte einzuzäunen, abzusichern, zu bewahren und den Status quo zu konservieren, nach den Stürmen der Lebensmitte in einem Refugium auszuruhen – das liegt nahe, macht aber alles zunichte.

In der Stagnation kommt der Entwicklungsfluß ins Stocken. Hellmuth Benesch kommt in seiner Auseinandersetzung mit der humanistischen Psychologie (1984) zu folgender Aussage: »Im Stillstand der humanen Möglichkeiten durchlebt ein solcher Mensch seine Lebensspanne ohne individualen Zugewinn, sogar mit zunehmender humaner Verkümmerung. Man erkennt sie an drei psychologischen Hauptmerkmalen: an der geistigen Starrheit, der seelischen Stumpfheit und dem verbitterten Mißmut.« Begegnen uns solche, in der Stagnation verkümmerte Menschen nicht zum Beispiel in der Maske des Konservativen, der geistig unbeweglich in seiner zufällig eingespurten Lebensbahn erstarrt ist wie ein Lavastrom in einer Bergrinne? Genutzte Erfahrung macht frei, nur angehäufte Erfahrung macht konservativ. Es darf kein Grund sein, an etwas festzuhalten, nur weil es sich einmal bewährte oder weil es immer schon so war. Bewahrung um der Bewahrung willen ist Stillstand. In der Erstarrung stirbt ab, was seelisches Erleben – wahrnehmen, denken, fühlen – ausmacht. Der erstarrte Mensch ist seelisch unansprechbar, unerregbar, abgestumpft. Er begegnet uns ebenso in der Maske des Reaktionärs, der seine Verhältnisse erbittert gegen Änderungen verteidigt. Sein Gegner ist der Fortschritt, sein Feindbild ist das Neue, Ungewohnte, Unbekannte, gegen das er giftig zu Felde zieht. Mit seiner Fortschrittsfeindlichkeit ist er zugleich entwicklungsfeindlich. Sein erbitterter Feldzug, der von vornherein verloren ist, macht ihn zu einem verbitterten Menschen, der um so krampfhafter das wenige gerettete Gut hütet.

Wo echte innere Freiheit besteht, kann ohne Stagnation bewahrt werden. Einiges ist es mir wert, unverändert in seinem Gehalt geschützt, erhalten zu werden; bei vielem anderen bin ich offen und anpassungsfähig. Peck (1972) spricht von Flexibilität und Erweiterung statt Einengung und Verarmung, von Beweglichkeit statt Starre. Freiheit hieß ja auch, sich angstfrei bewegen zu können; diese Sicherheit ist es, aus der heraus wir uns öffnen und auf Neues zugehen können. Angst macht konservativ, Vertrauen innovativ. Gerade jetzt zeigt sich, wie weit ich wirklich gekommen bin. Die jetzige Offenheit ist nicht eine Neuauflage der Erweiterung in der Lebensmitte – ich nehme nicht einfach quantitativ möglichst viele neue Aspekte auf –, sie ist eine flexible, anpassungsfähige, qualitative Offenheit: Sie ist bewahrend und verändernd in einem; sie ist ohne Aufgabe des tragenden Grundes anpassungsfähig; sie ist im Kern erhaltend, jedoch an der Peripherie modifizierend, zwischen beiden Polen beweglich und balanciert.

Das Verfehlen der Entwicklung im reifen Lebensalter nennt Erikson »Stagnation«. Das positive Entwicklungsziel umschreibt sein Begriff der »Generativität«. Wir haben ihn bereits in Zusammenhang mit den Aufgaben der Lebensmitte kennengelernt. Er macht uns darauf aufmerksam, wiederum weiterzugehen, erneut etwas hervorzubringen, zu schaffen, zu generieren. Gerade da, wo wir in uns die Tendenz verspüren, es uns im Erreichten wohl sein zu lassen, kommt der Anspruch, weiter auf dem Weg zu bleiben. Der Impuls, über sich selbst hinaus zu gehen, das eigene warme Nest zu verlassen, soziale Verantwortlichkeit zu üben, ist ein Aspekt von Generativität im reifen Erwachsenenalter. Wenn Havighurst auffordert, ein positives Vorbild als Erwachsener zu geben, dann heißt das auch, nicht stehenzubleiben oder sich zurückzuwenden, sondern vorwärts zu gehen, gerade auch in ungewohnte, unbekannte, sogar gefährliche Bereiche. Wer sonst sollte dafür die Sicherheit in sich selbst haben? Es handelt sich hier nicht mehr um Vorwärtsstürmen, blindlings und mit wehenden Fahnen, das Schwert Siegfrieds gezückt; es ist vielmehr ein bedachtes, sorgsames, geplantes Vorwärtsgehen, das bei jedem Schritt nicht nur entdecken, sondern vor allem bedenken, werten und verbinden will. Eine solche Erweiterung meint das Motto der Reifezeit: »Ich bin, was ich entfalte.« Es ist eine Entfaltung durch Umwertung und Neuwertung. Vernetzung ist dabei ein zentraler Begriff. Neue Erfahrungen spiegeln sich im erworbenen Erfahrungsschatz, werden überprüft am Vorhandenen, werden angeknüpft am Bekannten, eingebaut in fixe Verbindungen, bereichern schon Bestehendes oder ergeben als Gefüge eine neue Qualität. Ein neuer Ton in einer bekannten Melodie ist nicht nur ein Ton mehr, sondern verändert Aussage und emotionale Wirkung grundsätzlich. Erst der optimal ausgespannte innere Resonanzboden – gewachsen über viele Lebensjahre – läßt jetzt den vollen Ton erklingen. »Ich bin, was ich entfalte« ist ein Synonym für die Formulierung »aus dem vollen schöpfen«.

Es gehe darum, den Raum für die eigene Verantwortung zu erkennen, zu wissen, wo der eigene Spielraum sei, und ihn zu nutzen, hatte Herr O. gesagt. »Ich bin, was ich entfalte« heißt genau, diesen Raum zu füllen und zu nutzen.

»Ein unschätzbares Gut ist es, sich selber zu gehören. Das, was aus sich selbst entspringt, ist treu und fest, nimmt zu und begleitet uns bis ans Ende … Der Mensch ist ein mit Vernunft begabtes Wesen. Dieser Vorzug wird vollkommen, wenn der Mensch den Zweck erfüllt, zu dem er geboren wird. Was fordert die Vernunft? Das Leichteste von der Welt: seiner Natur gemäß zu leben« (Seneca).

Es ist das Leichteste, weil es das Offensichtlichste ist, aber zugleich das Allerschwerste. Wenn es gelingt, dann jetzt.

Der reife Mensch

Hören wir noch einmal Seneca: »Bringe dich in Sicherheit und bedenke öfters, welch eine schöne Sache es ist, sein Leben noch vor dem Tode zu vollenden und dann den Rest seiner Zeit ruhig zu erwarten, im Besitz eines glücklichen Lebens.«

Dieses In-sich-Ruhen ist für Benesch die überzeugendste Art des Selbstbewußtseins und ein hervorragendes Merkmal von Reife. Dem gegenüber steht die Unreife als »Ablenkung von sich selbst«. Bei sich selbst zu sein heißt, man selbst zu sein, in den Persönlichkeitsdimensionen der Breite, Tiefe und Höhe seine individuelle Balance gefunden zu haben.

Unter Breitendimension verstehen wir mit Benesch unseren Erfahrungsspielraum, aber auch unsere Erfahrungsbereitschaft. Eine immer wache Neugier, die Erweiterung besonders im Geistigen waren ja die wichtigen Gegenpole zur Stagnation. Unter der Sentenz »Ich bin, was ich entfalte« war das psychologische Wachstum Merkmal persönlichen Hinzugewinns und humaner Reifung. Nur in die Breite zu leben hieße aber, lediglich quantitativ zu leben. In der bloßen Anhäufung von punktuellen Erfahrungs- und Erlebnisinhalten würde die Entwicklung von Höhe und Tiefe verfehlt.

Sucht man ein Bild, läßt sich die Lebensgestaltung vergleichen mit dem Aufbau eines Teiches. Die Breitendimension des Lebens ist gleichzusetzen mit der horizontalen Oberfläche; Ausdehnung und Vertiefung stehen in einem Spannungsverhältnis, das individuell ausgewogen werden muß. Erweiterung auf Kosten der Tiefe läßt einen ausufernden, aber flachen, durch Verlandung und Versumpfung bedrohten Teich entstehen. So beeindruckend der Anblick der Wasserfläche ist, so enttäuschend der Blick darunter: Aufgrund der fehlenden Tiefe ist die Unterwasserfauna und -flora einseitig und dürftig.

Der in die Tiefe gehende Teich enttäuscht den oberflächlichen Betrachter durch seinen unscheinbaren Tümpelcharakter. Erst der zweite und dritte Blick offenbart das reiche und vielfältige Leben im Verborgenen.

Unser Teich ist jedoch erst dann zu einem Biotop ausgestattet, wenn er zusätzlich zu Oberfläche und Tiefe auch in der Höhe Raum gibt für reichhaltige Lebensformen. Symbolisch stellen Sträucher, Bäume und Steine Erweiterungen in der vertikalen Dimension dar. Die geistige Erweiterung, die spirituelle Erhöhung, die Strebungen des »Über-sich-hinaus-Seins« finden in der vertikalen Entwicklungsdimension ihren Platz. Ganz wesentlich gehört dazu auch die Fähigkeit, sich von sich selbst zu distanzieren, Abstand zu nehmen von den eigenen Wichtigtuereien, den eigenen Eitelkeiten. Für Benesch stellt die Höhendimension unseren Umgang mit uns selbst dar. »Zuerst verliert sich der Mensch in die Kleinlichkeit des Alltags. Er wird umgetrieben von einer Bedeutungslosigkeit zur nächsten ... Der wirklich maturale Weg liegt in einer Befreiung von der Kleinlichkeit. Der reife Mensch distanziert sich von seinen Eitelkeiten und betrachtet sich selbst mit einem gewissen Humor, der Ernst und Heiterkeit einschließt. Der reife Mensch verliert so die Verletzlichkeit seiner übertriebenen Selbstliebe und befreit sich aus dem selbstgeschaffenen Kerker seiner angestrengten künstlichen Bedeutungserhöhung.«

Reif zu werden kann immer nur ein Weg sein, nie ein erreichbares Ziel. Die Ausformulierung von Kriterien einer reifen Persönlichkeit – so wie es zum Beispiel Abraham H. Maslow in seiner Persönlichkeitspsychologie (1977) unternommen hat – ist nicht unproblematisch. Formuliert wird darin eine idealtypische Person, die so von niemandem realisierbar ist. Sie weist uns wertvolle Aspekte für die eigene Entwicklung auf; sie ist aber keine Norm, die wir als Leitbild unkritisch erfüllen sollten. Sie ist immer auch eine idealtypische Projektion ihres Verfassers und damit subjektiv gefärbt. Sie stellt eine persönlich gewichtete und gewertete Auswahl möglicher Entwicklungsrichtungen dar. Bedenken wir das alles mit, wenn wir uns von der folgenden Persönlichkeitsbeschreibung anregen lassen in unserer eigenen Definition von menschlicher Reife.

Der reife Mensch ist:

1. *selbstbestimmt:* In seiner Stellung zu sich selbst und zur Welt erlebt er sich als kompetent. Er ist fähig zur Selbstgestaltung, Standpunktnahme und Richtungsgebung.

2. *selbstbejahend:* Er akzeptiert sich selbst im Prozeß des Werdens und Gewordenseins. Er nimmt sich an in seinen gesamten positiven und negativen Anlagen und Fähigkeiten.

3. *selbstachtsam:* Er beachtet und pflegt seine Person. Er anerkennt, daß sein persönliches Wohlergehen eine wesentliche Basis seines Lebens ist. Er gestaltet bewußt seine Privatsphäre und fühlt sich mit sich alleine wohl.

4. *sachorientiert:* Er begegnet Dingen und Sachverhalten offen und ohne Ich-Bezug. Seine Zuwendung ist unmittelbar und frei von narzißtischen Bedürfnissen und Ansprüchen.

5. *außenbezogen:* Er kann aus sich selbst heraustreten, außer- und überpersönliche Sachverhalte als gleichwertig und gleichgewichtig anerkennen.

6. *nächstenzentriert:* Er kann sich zurückstellen und uneigennützige Zuwendung zum Mitmenschen üben. Er lebt im Bewußtsein, daß soziale Beziehungen lebenstragend sind.

7. *tolerant:* Er erlebt sich geborgen in sich selbst und geht angstfrei auf Andersdenkende und Andershandelnde zu. Sein seelischer Reichtum macht ihn großzügig, freigebig und liberal.

8. *spontan:* Er ist risikobereit, ohne leichtfertig zu sein. Er kann Vertrauensvorschuß leisten und Schwächen zeigen. Mögliche Umweltreaktionen blockieren sein Verhalten nicht grundsätzlich.

9. *schöpferisch:* Er bejaht eine persönliche Verpflichtung sich selbst gegenüber. Er realisiert seine Potenzen und räumt der Eigenbetätigung Vorrang ein.

10. *perspektivenreich:* Er ist beeindruckbar und bewahrt sich die Fähigkeit des Staunens. Er ist offen für die Reichhaltigkeit des Daseins und erlebt die Vielfalt von Aspekten als Bereicherung.

11. *qualitätsbewußt:* Er pflegt Tiefe und Intensität. Er verliert sich nicht im Möglichen; er wählt aus und schärft seine Wahrnehmung für das Bessere. Er entfaltet seine Genußfähigkeit in Wenigem und Einfachem.

12. *wertorientiert:* Er anerkennt eine grundsätzliche Wertorientierung. Er ist eigenbestimmt im Umgang mit Werten, dabei sowohl wertübernehmend als auch wertschaffend.

13. *ethisch-moralisch fundiert:* Er unterscheidet zwischen Mittel und Zweck. Er ist fähig zu einer flexiblen Abstim-

mung zwischen Ziel und Vorgehen. Er ist im Grundsatz fest, in der Durchführung anpassungsfähig.

14. *distanzfähig:* Er hat die Befähigung zum Leichtnehmen, ohne oberflächlich zu sein. Er übt heitere Gelassenheit gegenüber sich und anderen. Er kann Sachverhalte stehen- und Dinge ihren Lauf nehmen lassen.

15. *philosophisch:* Er ist weise und von Äußerlichkeiten unabhängig. Dem Alltagsdasein steht er abgeklärt gegenüber. Er relativiert die kleinen Probleme in übergreifenden und grundsätzlichen Denkansätzen.

Mit der Annäherung an diese oder ähnliche Entwicklungsmöglichkeiten nähern wir uns der persönlichen Authentizität an. Das wollten wir ja werden: Urheber und Gestalter unseres Selbst; sein, was wir sind; Strukturen und Konturen erhalten, unverwechselbare Ecken und Kanten ausformen; aus dem diffusen Nebel einer noch undifferenzierten Person heraustreten als eine ausgeformte, unverwechselbare Persönlichkeit; wirklich, glaubwürdig und echt.

In dem englischen Kinderbuch »The velveteen rabbit« (zitiert nach Gail Sheehys 1974 veröffentlichtem Bestseller über die Lebensmitte) sprechen zwei Tiere über das Authentisch- oder Wirklich-Sein.

Das Kaninchen fragt das Pferd, was denn Wirklich-Sein sei und ob Wirklichkeit weh tue.

»Manchmal«, sagte das Pferd in seiner Wahrheitsliebe. »Wenn man *wirklich* ist, macht es einem nichts aus, wenn es weh tut.«

»Geschieht das auf einmal, so wie man aufgezogen wird«, fragte das Kaninchen, »oder nach und nach?«

»Es geschieht nicht auf einmal«, sagte das Pferd. »Man wird so. Es braucht lange Zeit. Deshalb kommt es nicht vor bei Leuten, die zerbrechlich sind oder scharfe Kanten haben oder sorgsam aufbewahrt werden müssen. Im allgemeinen hat man zu der Zeit, da man *wirklich* wird, schon alle Haare verloren, weil man soviel gestreichelt worden ist, die Augen fallen einem heraus, die Gelenke werden locker, und man sieht sehr schäbig aus. Aber das macht alles gar nichts, weil man, einmal *wirklich* geworden, nicht mehr häßlich aussehen kann, außer für Leute, die ohnehin nichts verstehen.«

Wenn wir ihnen zuhören, dürften wir dankbar sein, daß wir nicht so kostbar sind, daß uns das Leben in einer Vitrine konservieren mußte. Nehmen wir mit einem lachenden und einem weinenden Auge hin, daß auch wir Haare gelassen und viel von unserem früheren Glanz eingebüßt haben, aber bleiben wir mit Seneca eingedenk, welch »unschätzbares Gut es ist, sich selber zu gehören«.

Im Übergang

Gegen Ende des reifen Erwachsenenalters steht eine weitere Herausforderung: die Akzeptanz physiologischer Veränderungen.

An diesem Punkt – körperliche Beschwerden, Aktivitätseinschränkungen, physischer und/oder psychischer Abbau – fällt besonders auf: In keiner anderen Entwicklungsphase sind die Entwicklungsunterschiede so groß wie im Alter. Die Differenzen zwischen zwei Senioren gleichen Alters hinsichtlich ihres leibseelischen Gesamtzustandes wie auch hinsichtlich ihrer inneren und äußeren Lebenssituation sind u. U. beträchtlicher als zwischen zwei verschieden alten Menschen. Nicht nur die genetischen Voraussetzungen schlagen nun voll durch, sondern auch die Lebensführung und die finanziellen Rahmenbedingungen. So ist das Thema der Akzeptanz von Alterungsprozessen für einige Menschen längst Alltag, für andere dagegen noch zu vernachlässigende Zukunft.

Das Gewahrwerden von Behinderungen, welche die gewohnte Lebensform gravierender einschränken, fordert zu einem neuen Bewältigungsprozeß heraus. Susan Krauss Whitbourne hat (1987) diesen Aspekt aufgegriffen und Verhaltensstile im Übergang von Reifezeit zum Alter besprochen. Eine Reihe von Menschen greift zur Vogel-Strauß-Taktik und steckt den Kopf in den Sand. Die anstehenden Veränderungen werden bewußt ignoriert, geleugnet oder umgedeutet. An den bisherigen Maßstäben und Verhaltensweisen wird unverrückt festgehalten. Hier ist die Vorbereitung auf das Alter ungenügend und erfordert später unter erschwerten Voraussetzungen eine abrupte Umstellung. Die unvermindert optimistische Selbstwahrnehmung schützt aber andererseits vor ungerechtfertigter Selbstaufgabe und Hoffnungsverlust angesichts des Alters. Eine Überreaktion nach der anderen Seite wäre es, auf die ersten Anzeichen von Kräfteverlust und Behinderung sofort und umfassend mit grundsätzlichen Lebensstiländerungen zu reagieren. Hier wird zwar nichts geleugnet, wohl aber ein wenig herbeigeredet. Die große Offenheit und Selbstwahrnehmungsbereitschaft kann zu einer Verzerrung und Überschätzung führen: Das Nachlassen der geistigen und körperlichen Leistungsfähigkeit kann – noch viel stärker als früher – aktuell bedingt und vorübergehend sein. In diesem Konflikt zu einem ausbalancierten individuellen Verhaltensstil zu kommen ist die Entwicklungsaufgabe im Übergang: realistische Selbstwahrnehmung; klare Bestandsaufnahme, was tatsächlich vorliegt; weiterdenken, was das für die Zukunft bedeutet; mit diesem Wissen die jetzige Lebensphase bewußt ausschöpfen; eventuell erste Lebensstiländerungen vorbereiten, um sie selbständig und ohne Zeitdruck ausführen zu können.

Frau X., eine interessierte, lebendige und tatkräftige Frau, der man kaum glaubt, daß sie kurz vor der Vollendung ihres 7. Lebensjahrzehnts steht, hat dazu viel zu berichten:

»Mein Leben war sehr intensiv und nach außen gerichtet. Nach Auslandsaufenthalten heiratete ich einen Mann, der seinerseits ein sehr aktives, in der Öffentlichkeit stehendes Leben führte. Ich erzog vier Kinder und führte ein großes Haus. Sobald es mir die Arbeit mit den Kindern ermöglichte, setzte ich mich auch außerhäuslich ein. Aufbau und Mitarbeit in sozialen Einrichtungen haben Jahrzehnte meines Lebens mitgeprägt. Für mich ist dann ganz klar gewesen, daß ich mich lösen muß. Ich habe mir ganz deutlich gesagt: Das ist nun nicht mehr meine Sache. An dem Fall meines Vaters habe ich etwas ganz Wichtiges gelernt. Er ist zu spät aus seinem Haus in eine kleinere Wohnung gezogen. Als er dann bald darauf Alzheimerkrank wurde, ist er immer weggelaufen in sein altes Haus. Er war am neuen Ort noch nicht genügend eingewöhnt und zu Hause. Deshalb haben wir bereits das Haus geräumt. Ich könnte es zwar sicher noch führen. Aber ich halte mich bewußt zurück, weil ich für später vorbereitet sein will. Auch von meinen ganzen sozialen Aktivitäten habe ich mich zurückgezogen. Das sollen die Jüngeren machen, das ist jetzt ihre Zeit. Sie können wieder Neues einbringen, das darf ja auch nicht erstarren und an einige wenige geknüpft sein. Ich mache allerdings noch mit in der Spielzeugbörse. Da bin ich dann noch mit jüngeren Frauen zusammen, so habe ich das Gefühl, noch drin zu sein. Ich merke aber, daß es körperlich abnimmt. Wenn es dann gar nicht mehr geht mit der Arbeit, das gibt schon eine Leere. Ich versuche deshalb schon jetzt, mir etwas

Neues aufzubauen, wieder mehr Handarbeiten zu machen, was ich auch später noch tun kann. Man muß lernen, mit sich alleine zu sein, auch mit leerer Zeit etwas anfangen zu können. Gerade wenn man so beschäftigt war wie ich, muß man es lernen. Es war mir wichtig, damit nicht zu spät anzufangen bzw. so früh, daß man es noch ändern kann.«

Frau X. hat exemplarisch vollzogen, worum es geht: neue Weichen zu stellen, vorauszudenken, einen Lebensstil einzuleiten, der auch tragfähig ist für das eigentliche Alter. Das Problem der »leeren« Zeit, also einer Zeit, die nicht mehr von außen vorgeplant und gesteuert wird durch Arbeitsabläufe und externe Tätigkeiten, ist besonders herausfordernd für Menschen, die so eingespannt lebten wie Frau X. Gerade die Entwicklungsaufgabe der sozialen Verantwortung, wie sie ja auch Frau X wahrgenommen hat, führt zu so vielfältigen, reichen, aber auch stark außenorientierten Lebensmustern. Parallel dazu werden Wünsche gehegt: »Nach der Pensionierung mache ich dann endlich ...« Statt einer neuen Erfüllung ist dann aber oft wirklich nur Leere. Neue Hobbys, neue Freizeitaktivitäten können nicht von heute auf morgen Teil des Lebens werden; sie müssen schon zu Aktivzeiten angestoßen und in Anfängen in die Lebensgestaltung eingebunden werden. Unsere fraktionierte Lebensform gibt keine organischen Altersaufgaben vor. Entlassen aus dem Produktivprozeß, spürt der alternde Mensch, wie er überflüssig wird in einer Gesellschaft, die noch immer quantitative Leistungsnormen über qualitative Persönlichkeitswerte stellt.

Diesem Schock gilt es mit Vorbereitung und frühzeitiger Weichenstellung zu begegnen. Die innere Orientierung ist das eine; das war unser Thema. Die äußere Orientierung ist das andere; hier müssen wir aktiv jene gesellschaftlichen und privaten Räume aufsuchen, in denen wir mit unseren

Pfunden noch immer wuchern können. Die Hand kann in tätiger Nachbarschaftshilfe zum Zuge kommen, der Geist bei Weiterbildung und Kursbesuchen, das Herz in der Pflege von Hobbys, im Kontakt mit der Familie, den Enkeln, dem sozialen Umfeld oder in der Betreuung eines Haustiers.

Pensionierung wird von Jüngeren als »Freizeit« oft herbeigesehnt. Je aktueller der Termin jedoch wird, desto stärker ist die Verunsicherung, wie dieser Lebensabschnitt zu bewältigen sei. Zur Krise auswachsen kann sich der Übergang zum Alter dann, wenn die negativen Stigmatisierungen unserer Gesellschaft wie »altes Eisen« oder »Abstellgleis« das Selbstwertgefühl treffen. Auch erleben Männer und Frauen diesen Übergang unterschiedlich. Die vielfältigere Biographie von Frauen hat mehr Standbeine entwickelt; ein Teil ihres Funktionskreises bleibt meist erhalten und läßt sie die Veränderungen weniger einschneidend erleben. Ihre Herausforderung besteht in einer neuen Intimität zum Partner, dessen räumliche und zeitliche Präsenz den eigenen Raum einschränkt. Besonders Männer, die sehr stark berufsorientiert gelebt haben, können jedoch in einen eigentlichen Pensionierungsschock fallen, der nicht selten auch zu körperlichen Krisen führt. Mit dem Wegfall der Berufsidentität bleibt dann nur noch ein kaum lebensfähiges Schrumpf-Ich zurück. Auch fehlen oft die weiteren Standbeine im Alltagsleben. Vermischte Rollen- und Funktionskreise, so wie es heute von vielen Frauen und Männern gelebt wird, helfen für die Gestaltung der letzten Lebensphase. Wie immer kann aber so ein Schock oder eine solche Leere wiederum Anstoß sein zu Neuem.

Mit Frau W. haben wir auch Herrn W. kennengelernt, der sich nach der Pensionierung neu die Küche erobert hat. Ihm ist eine solche Neuorientierung gelungen, andere tun sich schwerer damit. Sicherer ist der Weg, den Frau X. gegangen ist: Solange die Kräfte zur Verfügung stehen, das Lebensschiff in ruhigere Gewässer zu leiten, wo der rettende Hafen rasch und gefahrlos erreicht werden kann, wo hilfreiche Hände das Landemanöver unterstützen und ein Dauerankerplatz gewährleistet ist.

VIII. Der Kreis schließt sich

Wenn man junge Menschen fragt, was ihnen zu dem Wort »Alter« einfällt, so kommt eine lange Liste von Negativmerkmalen, die sich zusammenfügen zum Bild eines körperlich hinfälligen, geistig reduzierten, sozial und finanziell verarmten, gesellschaftlich überflüssigen Problemfaktors, genannt »alter Mensch«. Der sogenannte Abbau und das Alter als Defizit-Lebensphase prägen unsere Vorstellungswelt und damit auch unseren Umgang mit alten Menschen. Darin zeigt sich schon, daß Alter auch ein soziales Geschehen ist bis hin zu einem sozialen Schicksal. Die Wirkung negativer Zuschreibungen ist stark und beeinflußt das Selbstgefühl alter Menschen. Ihr psychophysisches Wohlergehen ist deshalb häufig stärker bestimmt von der persönlichen Einschätzung ihrer Lebenssituation als von den tatsächlichen Gegebenheiten. Unkritische Anpassung an negative Erwartungen und Befürchtungen führt dann tatsächlich zu einem Fähigkeits- und Funktionsverlust. Zu den sozialen Ursachen von Altern kommen damit noch kognitive Ursachen: die eigene Bewertung, innere Einstellungen und Haltungen. Auch wenn das subjektive Alterserleben positiv ist, kann eine abwertende Alterszuschreibung von außen stark beeinträchtigend wirken.

Das Alter ist jedoch eine Lebensphase, in der gehäuft große, kritische Lebensereignisse eintreten: die Pensionierung, eine veränderte Finanzlage, die Verwitwung, die Ausdünnung des sozialen Beziehungsnetzes und das Aufgeben der selbständigen Wohnsituation.

Solche Lebensereignisse stellen für die Anpassungsfähigkeit älterer Menschen in der Tat eine Bewährungsprobe dar. Werden sie jedoch nicht als Bedrohung, sondern als Herausforderung zu einem »konstruktiven« Altern erlebt, gelingt diese Bewältigung besser. Wieder ist der Faktor der inneren Einstellung entscheidend. Der kompetente ältere Mensch begegnet auch dieser Lebensphase bejahend und annehmend; er schöpft aus dieser Grundhaltung heraus die Kraft zur Anpassung an die nun anstehenden Veränderungen.

Deshalb soll auch hier nicht die Rede davon sein, wie solche Lebensereignisse aussehen und konkret zu bewältigen seien, sondern von dieser Grundhaltung, die Ruhe, Frieden und Erfüllung in der letzten Lebensphase bringen kann – und zwar auch dann, wenn die körperlichen und sozialen Randbedingungen nicht die besten sind.

Wie hatte Seneca gesagt? »... welch eine schöne Sache (ist es), sein Leben noch vor dem Tode zu vollenden und dann den Rest seiner Zeit ruhig zu erwarten, im Besitz eines glücklichen Lebens.« Das wäre also der Frieden und die Lebensqualität des Alters: mit sich ins reine gekommen zu sein, abgeschlossen ohne aufgegeben zu haben, jeden Tag noch als Geschenk voll auskosten zu können. Frieden zu machen gilt es also, mit sich und seinem Leben. Deshalb heißen die großen Stichworte für diese Lebensphase: Bilanz und innere Ordnung.

Der Kreis schließt sich. Wir haben den Lebensweg begonnen unter dem Motto »Entspannung«, die wir bei der Befriedigung unserer Bedürfnisse als Säuglinge erlebten; wir sind ihn weitergegangen unter dem Motto »Anpassung«, mit der wir als Kleinkind zu einem Ausgleich eigener und fremder Ansprüche und zu einem Hineinwachsen in den familiären Lebensrahmen gelangt sind; wir haben ihn über Kindheit, Pubertät und frühes Erwachsenenalter fortgesetzt unter dem Motto »Expansion« mit aktiver Veränderung, Entfaltung und Streben; wir haben ihn in der Reifezeit unter dem Motto der »Verarbeitung« verfolgt, in dem wir verstanden, bewertet, eingeordnet haben; nun vollenden wir ihn in der Integration, die wiederum zur »Entspannung« zurückführt, zu dem Wunsch nach letzter Ruhe.

In einem anderen Bild steht die erste Etappe unseres Lebens unter dem Zepter des Dionysos. Das Ausleben, die schöpferisch-expansive Note, die begeisternde Kraft, die Tiefen- und Triebperson sind symbolisiert in der Figur dieses griechischen Gottes; wer sich ihm hingibt, »tritt aus sich heraus«. Die Herrschaft geht im Fortschreiten der Zeit über an Prometheus, den Vorausdenkenden, der dank seiner Klugheit und seiner Kenntnisse der Kulturbringer und Kulturschaffer ist. Er ist schöpferisch nicht mehr im Sinne von »hervorbringen«, sondern im Sinne von »korrigieren, umschaffen, anpassen«. Der Realität verpflichtet, meistert er sie. Sein Schicksal erfüllt sich jedoch in der Überschätzung seiner Fähigkeiten. Um nicht mit Prometheus zu scheitern, muß der Weg weitergehen zu Buddha, dem Erwachten und Erleuchteten. Er verkörpert die Ruhe dessen, der nichts mehr will und nichts mehr braucht. Seine Weltschau ist die der ewigen Gleichförmigkeit des Werdens und Vergehens; er ist jung und alt zugleich.

Wie schließe ich nun meinen Kreis?

Die Kraft des Geistigen

Unsere erste Frage lautet: Woher nehme ich die Kraft? Bin ich denn nicht auf dem absteigenden Ast?

Charlotte Bühler, die uns bereits mit dem Konzept der Gestaltungsaufgabe begegnet ist, gibt uns dafür ein Erklärungsmodell.

Sie nennt als Wirkfaktoren der Entwicklung die körperliche Lebenskraft, die Vitalität, und die geistige Lebenskraft, die Mentalität. Vitalität ist eine Grundkraft, die allen körperlich-seelischen Funktionen zugrunde liegt; sie ist das Potential an Antrieb, aus dem wir bei allen lebendigen Vollzügen schöpfen; sie ist eine Konstante in unserer Persönlichkeit und zu einem überwiegenden Teil von unseren Genen mitbestimmt. Vital starke Menschen können verschwenderisch mit Kraft und Fülle umgehen, stehen aber in der Gefahr, sich zu erschöpfen, wenn sie nicht zunehmend lernen, sich zu begrenzen und einzuteilen. Vital schwächere Menschen sind von Anfang an auf einen ausgeglichenen Kräftehaushalt angewiesen; durch kluge Einteilung haben auch sie ein langdauerndes Kräftereservoir. Die Vitalität folgt der aufsteigenden Linie von Wachstum und Expansion. Ihre volle Funktionstüchtigkeit erreicht sie im mittleren Lebensalter, wo die ansteigende Kurve in ein Plateau übergeht. Im Alter kommt es zu einer Abwärtsbewegung der Vitalitätskurve, wobei Zeitpunkt und Ausmaß von Mensch zu Mensch unterschiedlich sind.

Die Mentalität ist eine geistige Grundkraft, die viel stärker umweltabhängig ist. Sie ist nicht als Potential mitgegeben, sondern entfaltet sich im Laufe der Persönlichkeitsentwicklung. Bewußtes Leben, Verarbeiten und Integrieren von Wissen und Erfahrungen, die stetige Vertiefung in Reproduktion und Produktion – dem Nachvollzug der Geistesleistungen anderer und der eigenen geistigen Aktivität – dienen dem Aufbau und der Entfaltung der Mentalität. Sie ist die Kraft, die aus der geistigen Bewältigung des Daseins resultiert und die in dieser Bewältigung zunehmend erstarkt.

Die Entwicklungslinien von Vitalität und Mentalität verlaufen bis zur Lebensmitte parallel. Während die Vitalität auf dem Höhepunkt stagniert, geht die Aufwärtsbewegung der mentalen Kräfte ungebrochen weiter bis zum Tod. Unabhängig vom Erlahmen der Vitalkräfte vertieft sich die Fähigkeit zur geistigen Bewältigung des Lebenslaufs. – Und damit beantwortet Charlotte Bühler unsere Frage: Mit der fortwährend geübten Vergeistigung des Daseins gewinnen wir mit der Mentalität genau diese Kraft, die die abbauende Vitalität ersetzt und durch die wir für die Entwicklungsaufgaben der letzten Lebensphase gerüstet sind.

Ich bin, was ich bin

Der bewußt lebende und kompetente Mensch hat seinen Lebenslauf immer schon begriffen als Lebensaufgabe. Leben hieß nicht einfach zu leben, sondern zu gestalten; selbstgesetzte Lebensziele ergaben Struktur und Ordnung. So erscheint im Rückblick das eigene Leben nicht als ein zufälliges, passives Geschehen, nicht als eine beliebige Materialisation von Entwicklungsmöglichkeiten durch die gerade vorhandenen Umweltgegebenheiten. Leben sollte ja mein Leben sein, meinen unverwechselbaren Stempel tragen; es sollte kein unbedingt glückliches, sondern ein erfülltes Leben sein. Darum haben wir gerungen, und damit beschäftigen wir uns jetzt in der Bilanz: Hat mein Leben ein Ergebnis? Hat es eine Erfüllung?

Unter Erfüllung verstehen wir die hinreichende Verwirklichung der Lebensziele, die wir uns selbstbestimmt aufgegeben und vorgenommen haben. Mit der Frage nach der Erfüllung kommt der Prozeß der Bilanzierung in Gang. Die biographischen Teilstücke des Lebens werden in der Rückschau in den Blick genommen, begutachtet, gedeutet und gewertet. Dabei treten besonders die Weggabelungen ins Blickfeld: Welche Chancen habe ich gehabt oder auch nicht gehabt? Welche Chancen habe ich ergriffen oder auch nicht ergriffen?

Wieder und in besonderem Maße gilt es, Trauerarbeit zu leisten und sich zum gewählten und gegangenen Weg zu bekennen. Die Integrationsaufgabe umfaßt jedoch nicht nur das Leben, so wie es faktisch gelebt wurde, sondern auch, wie es hätte gelebt werden können. In Zusammenhang mit der Lebensmitte sprachen wir vom Abschied von den ungelebten Träumen, unseren ungeborenen Kindern. Konnten wir damals noch die Hoffnung hegen, das eine oder das andere doch noch zum Leben zu bringen, so müssen wir jetzt endgültig von ihnen Abschied nehmen. Bilanz soll zur Annahme führen und zum Friedenmachen: So ist es geworden, so war es, und so ist es recht. Es ist die Annahme des So-Seins, die Frieden schenkt: Ich bin, was ich bin. Ich sage nicht mehr nur ja zu mir als Person, sondern auch ja zu dem von mir gelebten Leben. In der Zeit der Lebensmitte sollte die Bilanzierung aufdeckend sein. Da galt es, unnachsichtig zu rütteln an den Scheinsicherheiten, da waren mitleidlos Träume zu entlarven und Lebenslügen zu enttarnen. Da galt es ja, Kräfte freizumachen für einen weiteren, immer noch langen Entwicklungsweg.

Die Bilanzierung jetzt darf zudeckend sein. Die Zeit ist zu kurz, um noch etwas zu bewegen. Es gilt, die Lebensqualität der inneren Ruhe zu sichern. Also dürfen wir im Rückblick auch einige Gewichte verschieben, ein oder sogar auch beide Augen zudrücken vor einigen noch stehengebliebenen schmerzlichen Wahrheiten. Wir haben die Wahrhaftigkeit immer gesucht, das Schwere von uns gefordert. Jetzt ist die Zeit des schonungsvollen Umgangs mit uns selber. Auch wenn hie und da geleugnet und umgedeutet wird: Es geht um das Jasagen-Können, um die Akzeptanz des so gelebten Lebens, um – in Erinnerung an

Seneca – zu vollenden und zu erfüllen, damit wir in den Besitz des Glücks gelangen.

Bilanzierung hat nicht nur einen diagnostischen Aspekt; es geht nicht nur darum, Antworten zu finden auf die Fragen: Wie ist mein Leben zu dem geworden, was es ist, und warum?

Bilanzierung hat auch einen therapeutischen Aspekt, der in die Zukunft verweist. Die gedankliche Wiederbelebung von Lebensinhalten und Lebensbedeutungen läßt die Kraft der Mentalität aufscheinen. In der Erfüllung des Lebens wird die eigene Potenz und Kompetenz ersichtlich. Es war eben kein zufälliges, sondern ein bewußtes, erfülltes und gestaltetes Leben. Diese geistige Komponente trägt und verweist in die Zukunft: Diese Kraft hat mich getragen und wird mich weitertragen. Die Erfahrung der Mentalität im Rückblick führt zur Neubelebung der Lebenskräfte.

Erfüllung wird konstatiert und erlebt, wenn in einem Lebenslauf vier Seinsbereiche Platz gefunden haben:

Es ging mir gut: Ich durfte – wenn auch nicht stetig – Gesundheit, Glück und Wohlbefinden erfahren.

Ich habe es geschafft: Ich habe – wenn auch mit Einschränkungen – mein Leben gemeistert und den Herausforderungen genügt.

Ich bin etwas geworden nach außen: Ich habe – wenn auch nur im kleinsten und privatesten Umfeld – etwas ge- und bewirkt, eine Spur gelegt.

Ich bin etwas geworden nach innen: Ich habe eine innere Ordnung gefunden, die ich – wenn auch mit Einschränkungen – annehmen kann.

Was steht am Ende: Frieden oder Verzweiflung?

Erinnern wir uns noch an Siegfried, der die Furcht nicht kannte, an den strahlenden Helden und seinen Aufbruch in den Zaubergarten der Welt. Was ist daraus geworden? Erfüllung oder Verfehlung?

Die Pubertät als Prüfstein für die kindliche Entwicklung, das Alter als Prüfstein für das ganze Leben – damit ist gesagt, worum es geht: Die letzte Lebensphase wird wesentlich davon mitbestimmt, ob und wie man sich zeit seines Lebens mit diesem auseinandergesetzt hat.

Erikson faßt dieses Spannungsfeld in die Worte Ich-Integrität oder Verzweiflung.

Gelingt die innere Ordnung, die Annahme des Lebenslaufs, die Bejahung der ergriffenen und der verfehlten Entwicklungstendenzen, kann »ich bin, was ich bin« gesagt werden – dann ist Ich-Integrität erreicht, Erfüllung erlangt, innerer Frieden gefunden. Sind die Geschäfte aber immer wieder aufgeschoben worden, Entscheidungen beliebig gefällt, Richtungen zufällig eingeschlagen worden, ist das Leben nur gelebt, nicht aber gestaltet worden, so ist die Konsequenz unausweichlich: Enttäuschung, Hadern mit dem Gewesenen, Verzweiflung angesichts des Vertanen.

Hermann Hesse hat dies eindrücklich formuliert unter dem Titel »Der Enttäuschte«:

Viel bunte Falter dacht ich mir zu fangen,
Nun ist es Herbst, und alle sind entflogen.
Verloren bin ich in der Welt gegangen,
Die zu erobern ich war ausgezogen.

Wie mußt ich frieren lernen hier auf Erden,
Die einst so warm und sommerlich mir glühte!

Mit wieviel Drang, bloß um zu Staub zu werden,
Trieb mein begehrlich Leben seine Blüte!

Für einen König hab ich mich gehalten
Und diese Welt für einen Zaubergarten,
Nur um am Ende mit den andern Alten
schwatzhaft und angstvoll auf den Tod zu warten.

Enttäuschung, Verbitterung und Verzweiflung angesichts eines nicht gelebten, nicht genutzten, nicht erfüllten Lebens bergen in sich das verderblichste Gift des Alters: das Ressentiment. Es ist der heimliche, oft nicht bewußte Groll gegenüber denen, die noch ein Leben vor sich haben, es ist der Neid auf die, die es besser machen können, es ist auch das Unterlegenheitsgefühl der Schwachen gegenüber den (noch) Starken – das verbittert und vergiftet die letzte Lebensspanne: statt Frieden Zwietracht, statt Ruhe Spannungen, statt Lebensqualität Gram, Groll und Unzufriedenheit. Ressentiments sind die Ursache der feindlichen Haltung gegenüber Jungen und die Erklärung für Bösartigkeit und Tyrannei im Alter. Das nicht erfüllte Leben kann nicht akzeptiert werden; und ohne Akzeptanz kann nicht endgültig losgelassen werden. Die Trauerarbeit gelangt über das erste Stadium der Verzweiflung nicht hinaus.

Angstvoll und die Angst verschwatzend, haben die enttäuschten Alten in dem Hesse-Gedicht auf den Tod gewartet. Ressentiments gegenüber dem Leben, Angst vor dem Sterben, das ist die Verzweiflung. Ältere Menschen haben nicht per se ein höheres Ausmaß an Todesfurcht, keine negativere oder konfliktbelastetere Einstellung zum Tode als jüngere. Sie begegnen dem Lebensende häufiger gelassen, weil sie gelebt haben. Angst entsteht, wenn noch zuviel ungelöst zurückgelassen werden muß, noch zu starke

Bindungen da sind, die Vergangenheit noch nicht losgelassen werden kann. Mit Winfried Saup in dem 1992 von Toni Faltermaier u. a. verfaßten entwicklungspsychologischen Abriß stellen wir fest: »Die tief verankerte Akzeptanz des eigenen Lebens scheint zur Akzeptanz der Endlichkeit des eigenen Lebens und des eigenen Sterbens führen zu können« (S. 180).

Innere Ordnung und Frieden mit sich selbst zu machen, ist die psychologische Vorbereitung auf den Tod.

Loslassen und neu anfangen – Frau C.

Vielleicht ist der Tod die Vollendung und tritt dann ein, wenn man geworden ist, wozu man bestimmt war.

François Mitterrand

Die über 80jährige Frau C. steht in ihrer letzten Lebensphase. Ihr schwerer und verschlungener Lebensweg voller Verluste und Trennungen ist auch ein Spiegelbild der politischen und gesellschaftlichen Entwicklungen im Europa des 20. Jahrhunderts.

Kurz vor dem Ausbruch des 1. Weltkrieges wurde Frau C. im Osten Deutschlands als Tochter und einziges Kind eines höheren Staatsbeamten geboren. Amt und Stellung des Vaters zeichneten einen konventionellen bürgerlichen Lebensweg vor. Das Leben als Dame ihres Standes erschien dem geistig interessierten und intellektuell begabten jungen Mädchen jedoch wenig erstrebenswert. Sie erstritt sich die Zustimmung ihres Vaters, besuchte die Universität ihres Wohnortes und erwarb den Doktortitel in Germanistik. Aus der Ehe mit einem Studienkollegen ging ein Sohn hervor. Das junge Germanisten-Ehepaar blieb dem Lehrkörper seiner Universität treu, Herr C. bald als

Privatdozent, Frau C. auf dem Wege dazu. Den politischen Entwicklungen vermochten sich beide jedoch je länger, je weniger zu entziehen. Kritische Äußerungen und fehlende Loyalitätsbezeugungen für das Regime fielen auf, und beide verloren ihre Stellen. Ein kleiner Landbesitz aus dem Erbe der Mutter ermöglichte ein Auskommen. Formell abgeschnitten vom Universitätsbetrieb, partiell isoliert von den Kollegen, die sie aus Angst vor Repressionen teilweise mieden, verblieb die Unterstützung von wenigen Freunden und vor allem die innere Welt von Bildern, Gestalten, Schicksalen: Lesen als Heilmittel wurde am eigenen Leib erfahren.

Die heranrückende Rote Armee schwemmte sie wie viele tausend andere Menschen gen Westen. Nach dem Krieg konnten beide wieder Fuß fassen, nun unter sozialistischem Regime. Vom Neuaufbruch beflügelt, leisteten sie Aufbauarbeit in ihrem Fach. Als engagierte Hochschullehrer fühlten sie sich in ihrer Arbeit mit den Studenten herausgefordert zur Bewußtmachung: damit sich nie wiederhole, was geschehen sei. Doch der intellektuelle Raum wurde auch da immer enger, bis dann schließlich an den äußeren Grenzen die Mauern hochgezogen wurden. Wieder aktualisierte sich die Grundfrage: persönliche Sicherheit oder persönliche Wahrhaftigkeit? Diesmal war die Herausforderung noch schwerer anzunehmen: Nicht mehr so jung, kompromißlos und opferbereit, bedrückte die Sorge um ein unsicheres Alter schwer. Auch war da eine Familie zurückzulassen, Sohn, Schwiegertochter, Enkelin, deren eigene Lebenssicherheit durch eine Flucht tangiert würde. Wie auch dem Gefängnis entkommen? Das Ehepaar benutzte nach langer, qual- und schuldvoller Entscheidungszeit einen wissenschaftlichen Auslandsaufenthalt, um in einem westlichen Land um Asyl nachzusuchen.

Mit bald 60 Jahren blieb zum zweitenmal ihre gesamte Existenz, nun auch einschließlich ihrer wissenschaftlichen Arbeit und ihrer Familie, zurück. Sie standen mit kleinem Reisegepäck *vor dem Nichts – und einem zweiten Neuanfang. Die Lebenskräfte von Herrn C. waren erschöpft, und er starb bald darauf. Frau C. fand eine Anstellung in einem kleinen Verlag, wo sie als Teilzeitbeschäftigte unter einer jungen, noch unerfahrenen und weitaus weniger qualifizierten Vorgesetzten subalterne Lektoratsarbeiten verrichtete. Das alles zählte für sie jedoch nicht: Das Bewußtsein, daß ihr Mann in Freiheit sterben konnte; die Gewißheit, alles lesen, denken und aussprechen zu dürfen, was sie wolle; die Befriedigung, wahrhaft gegenüber sich selbst gehandelt zu haben, ihre Lebensgrundwerte nicht verraten zu haben – das alles ließ sie ihr Schicksal ruhig und positiv annehmen. Arbeit und geistiger Freiraum, diese für sie unschätzbaren Güter hatte sie; alles andere war zweitrangig.*

Bücher waren und sind ihr Leben. Soweit es für sie finanziell möglich war, begann sie zu reisen und sich kulturell zu bilden. Die Entwicklung im Ostblock erlaubte ihr, ihre Familie wenigstens noch zu treffen. Sie verlor sie aber bald auf tragische Weise. In all den Jahren unterstützte sie nach Kräften alte Freunde und Schüler. Ihre kleine Wohnung ist Logis für viele, die nun endlich reisen können. Die reichen sozialen Kontakte machen nun einen weiteren Lebensinhalt aus. Dankbar schätzt sie die Tatsache, noch immer, wenn auch eingeschränkter, selbständig zu sein.

Sie habe in ihrem Leben soviel erfahren und hinter sich lassen müssen. Es sei schwer gewesen, aber zwei Dinge habe sie gelernt: daß Arbeit ein Heilmittel ist, über vieles hinwegzutrösten und neuen Lebensinhalt zu geben vermag, und daß man das Herz nicht an falsche Sachen hängen darf. Das Materielle, der Status, das mußte sie zweimal zurücklassen. Mitnehmen konnte sie jeweils ihre geistige Welt, ihre innere Heimat, und deshalb war sie auch in der Fremde wieder zu Hause. »Ich habe mir nichts vorzuwerfen, ich bin mir treu geblieben – was könnte ich Besseres sagen?«

Da spricht eine Frau, die das Alter körperlich gebeugt hat: Klein und zierlich sei sie schon immer gewesen, jetzt wirkt sie zerbrechlich in ihrer dicken Jacke, in der sie Wärme sucht. Öfters müsse sie nun zu Hause bleiben, um ihre Kräfte zu schonen, den letzten Ferienaufenthalt wegen Unpäßlichkeiten sogar abbrechen. Ihre geistigen Kräfte sind jedoch ungebeugt: lebhaft die Sprache, interessiert die Fragen, präzis das Denkvermögen, heiter das Gemüt, auch beim Erzählen von Schwerem in ihrem Leben. Hier schöpft jemand aus dem vollen: Erfüllung und Leid haben diesen Menschen geprägt, Abgeklärtheit, Reife und Weisheit wachsen lassen. Und noch etwas ist da, eine unmerkliche Distanz bei aller Wachheit und Interessiertheit, ein kleines und müdes Lächeln, ein kurz in die Ferne abschweifender Blick: Sie hat längst schon wieder losgelassen und richtet sich ein auf einen ganz anderen Neuanfang.

IX. Mein Leben – Reflexionen und Deutungen

Bilanzierung als Schlußwertung steht als Hauptthema an, wenn das Leben sich zum Ende neigt.

Bilanzierung als Zwischenwertung begleitet den gesamten Lebensgang. Biographische Selbstreflexion hieß ja, zu erkennen, an welchem Punkt ich aktuell stehe, wie ich dorthin gelangt bin und wie ich weitergehen will. Aus den bisherigen Erfahrungen bilden sich dabei allgemeine Haltungen und Wertungen zum Leben an sich. Aus der Quintessenz bisheriger Erkenntnisse formen sich zukünftige Leitlinien – wenn auch nur vorläufig und abhängig vom gerade erreichten Punkt der äußeren und inneren Entwicklung.

Mit ihren Wertungen, Resümees und Zielsetzungen haben meine Gesprächspartner und -partnerinnen ihre Selbstreflexion zu einem vorläufigen persönlichen Schlußpunkt gebracht. Damit sollen sie hier noch einmal zu Wort kommen.

So ist es nun halt

»Und jetzt – würden Sie nochmals von vorne anfangen wollen, nochmals leben wollen?«

Das war eine meiner Fragen an meine Gesprächspartner. Die Reaktion darauf fast einhellig: nein! Doch der Unterton war unterschiedlich. Viele dieser Neins waren überlegt, bestimmt, klar geäußert: »Nein, so ist es nun mal; ich habe es mir zwar nicht so vorgestellt, aber so wie es jetzt ist, ist es auch gut; es hat so sein müssen; es käme doch wieder gleich heraus.«

Andere, wenige Neins hatten ein entrüstetes Ausrufezeichen: »Nein, das ist doch mein Leben, jeder Tag und jede Stunde ist mir wichtig, ich würde ja alles zunichte machen, was ich mir geschaffen habe!«

Und dann gab es auch noch einige Neins mit einem entsetzten Ausrufezeichen: »Nein, nicht noch einmal alles durchmachen müssen, die Stürme, die Turbulenzen; es hat mich zuviel Schweiß gekostet, bis hierhin zu kommen; ich bin froh über den Stand, den ich jetzt habe!« Reizvoll und spannend, ja, das wäre es schon, mit dem jetzigen Wissen nochmals starten zu können. Es wäre auch schön, einfach doppelt so lang zu leben, doppelt so lang Zeit zu haben, sich zu entwickeln, denn »es geht ja eigentlich so schnell«.

»Und was würden Sie – wenn Sie könnten – ändern oder ungeschehen machen?«

Eigentlich nichts, jedenfalls nichts von Bedeutung, sagten die Frauen übereinstimmend. Bei den Männern war die Akzeptanz weniger durchgängig, wurden hier und da Korrekturwünsche angemeldet. »Den Kontakt zu den Eltern oder zu einem Elternteil mehr pflegen, bewußter wahrnehmen«, wurde zum Beispiel mehrfach formuliert. Nehmen Frauen Gegebenheiten einfach klagloser an, oder gestalten sie ihre Lebenssituation bewußter und umfänglicher?

Wenn es aber um die Frage geht, ob auch eine ganz andere Entwicklung denkbar wäre, sind sich Frauen und Männer wieder einig. Nur einige wenige sagen dazu ja. Für die Mehrzahl jedoch ist klar, daß sie mehr oder weniger auch unter anderen Bedingungen die oder der gleiche geworden wären. Der Formung durch die Umwelt wird damit kein großes Gewicht beigemessen. Einige wenige denken aber, daß ihr Leben auch grundsätzlich anders hätte verlaufen können, sie selbst ganz andere Menschen hätten werden können. Es sind dies die Personen, die sich durch schwerwiegende Lebenskonstellationen in ihrer Entfaltung gehemmt fühlen.

Doch nicht jede problemreiche Biographie führt zu der Auffassung, an den Möglichkeiten vorbeigelebt zu haben. Auch stark belastete Menschen konnten ihre Person und ihren Lebensweg ohne Einschränkungen annehmen. Wesentlich zur Integration von Belastungen ist dabei die Fähigkeit, wie es dem betreffenden Menschen gelingt, umzustrukturieren und das Negative als Entwicklungschance zu begreifen.

»Noch mehr Zeit haben« – das war ein mehrfach geäußerter Wunsch. Das rasche Tempo des Zeitlaufs, das besonders im Rückblick zu Bewußtsein kommt, haben viele Menschen bedauernd erwähnt. Daß man Mühe hat, da nachzukommen, im Selbsterleben anzuschließen, haben wir besprochen. Fast drei Viertel meiner GesprächspartnerInnen fühlten sich tatsächlich geistig und/oder körperlich jünger, als ihr chronologisches Alter anzeigt.

Ist das unser Tribut an eine Gesellschaft, in der man jung sein muß, oder ist es tatsächlich eine der schwierigsten Entwicklungsaufgaben, die objektive und die subjektive Zeit in Einklang zu bringen?

Was hilft …

Daß die Lebensbewältigung nicht nur einfach ist, darüber herrscht Einigkeit. Die Überlegung, was dabei unterstützend gewirkt und bei der Bewältigung geholfen hat, ist in zweierlei Hinsicht fruchtbar: Wenn wir unsere Kraftquellen kennen, können wir sie bewußt pflegen, ausbauen und gezielt zur Konflikt- und Streßverarbeitung heranziehen.

Und wir können beispielhaft lernen aus den Bewältigungsstrategien anderer Menschen.

Aus den vielen genannten, z. T. auch sehr persönlichen Kraftquellen haben sich verschiedene Bereiche herauskristallisiert:

Der Beziehungsbereich: Hier wurden Familie, Partner, Kinder, Freunde sowie mitmenschliche Kontakte allgemein als Hilfe und Unterstützung genannt.

Der Ich-Bereich: Viele Menschen sprachen von ihren eigenen Kräften, die ihnen im Leben geholfen hätten, von ihrer Vitalität, Belastbarkeit und Seelenkraft; ihrem Glauben an sich selbst, an ihre Autonomie und ihre Kompetenz; ihrer Fähigkeit, nicht aufzugeben und durchzuhalten; ihrer Disziplin und Hartnäckigkeit, aber auch Flexibilität und Anpassungsfähigkeit – beides brauche es; und nicht zuletzt von ihrem bewußten Bemühen, mit beiden Beinen auf dem Boden zu bleiben, den Kontakt mit der Realität nicht zu verlieren.

Der intellektuelle Bereich: Hier wurden vor allem die geistigen Verarbeitungsfähigkeiten aufgeführt, und da besonders die verbalen Fähigkeiten: über etwas sprechen und diskutieren zu können – auch mit sich selbst –, einen Konflikt überhaupt ausdrücken zu können und dabei zu einer Verarbeitung zu gelangen; ferner die Fähigkeit, Probleme zu analysieren, zu strukturieren und bei Bedarf umstrukturieren zu können. Neugier, Interesse und Fragen-Können wurden ebenso als hilfreich beschrieben wie Bildungsaktivitäten, und da besonders Lesen oder Schreiben.

Der emotionale Bereich: Hier fanden sich Verweise auf die eigene Intuition, den Draht zu anderen, die Antenne für

Personen und Sachverhalte und einen lebendigen, wachen, aufnahmefähigen, interessierten Umweltbezug: im Gemüt nahe zu sein bei Dingen und Menschen.

Hobbys: Besonders manuelle Hobbys sind nicht nur Zeitvertreib, sondern wurden als Möglichkeiten genannt, Spannungen abzubauen, eine Umorientierung in der Stimmung einzuleiten und Erfolgserlebnisse zu vermitteln. Der produktive oder reproduktive Musikgenuß wurde als Hobby häufig besonders hervorgehoben, ebenso wie die Natur, d. h. alle Beschäftigungen im Freien vom Sport über Gartenarbeit bis zum Wandern und zur Tierbetreuung.

Zwei Bereiche wurden von fast allen Personen genannt und überwogen alle anderen Bereiche deutlich: der intellektuelle und der Ich-Bereich. Aus diesen beiden psychologischen Funktionskreisen holt sich die überwiegende Mehrzahl meiner Gesprächspartner ihre Werkzeuge zur Konfliktbewältigung und zur Streßverarbeitung. Es mag symptomatisch für unsere Kultur sein, daß der Beziehungsbereich erst an dritter Stelle folgt.

Frauen und Männer haben jedoch in ihren Ressourcen ganz unterschiedliche Schwerpunkte gesetzt.

Auch für Frauen stand der intellektuelle Bereich an erster Stelle, dabei wurden aber stärker Bildungsaktivitäten und das Lesen hervorgehoben. In diesen reproduktiven Vollzügen scheinen Frauen eine besondere Kraftquelle zu finden. Die Bereiche Ich, Beziehungen, emotionale Kräfte sind für Frauen gleich wichtig. Männer dagegen leiten ihre Bewältigungsfähigkeiten vor allem aus den Ich-Kräften ab. Deutlich weniger relevant sind für sie intellektuelle Strategien und mitmenschliche Beziehungen. Dafür scheinen sie sich stärker über die Natur zu regenerieren. Emotionale

Qualitäten rangierten auf ihrer Liste noch hinter der Beschäftigung mit Musik.

Wo sind nach diesen Ergebnissen noch ungenutzte Ressourcen? Für Männer sicher in ihrem emotionalen Potential: Mehr Gespür zu entwickeln, die Beziehungen zu Bezugspersonen zu pflegen – das könnte sich für sie konfliktreduzierend auswirken und ihre Lebensqualität verbessern.

Bei den Frauen liegt das Entwicklungspotential in den Ich-Kräften: Unabhängigkeit, Vertrauen und Glauben an sich selbst, Überzeugtsein von sich, den eigenen Kräften und Anliegen, Hartnäckigkeit im Verfolgen von Zielen – das wären weibliche Entwicklungsaufgaben. Hier den Sprung zu schaffen von der kognitiven Ebene – darüber reden können wir ja flüssig – hin zur Ich-Ebene – es auch zu tun und zu sein –, sollten wir Frauen uns in unser Lebensaufgabenbuch schreiben.

… und was schadet?

Auch zu dieser Frage haben unsere Männer und Frauen unterschiedliche Erfahrungs- und Erlebnisbereiche, die sie als Erschwernisse auf ihrem Lebensweg betrachten.

Familiärer Bereich: Familiäre Normen- und Autoritätskonflikte gehören für viele zu den Hemmnissen, belastende elterliche Erwartungen, Überbehütung, Überforderung genauso wie mangelnde Förderung.

Dieser Problemkreis steht für die befragten Männer eindeutig im Vordergrund. Während Frauen sich durch den Beziehungsbereich eher gestützt und getragen fühlen, scheint für die Gruppe der Männer hier ein Konfliktpotential zu liegen. Ist der Normendruck für sie größer? Oder stehen dahinter Anpassungskonflikte? Die Frage nach Lebensleitsätzen (siehe unten) hat gezeigt, daß die Männer sehr viel stärker auf Autonomie setzen. Ist es diese einseitige Selbst-Ausrichtung, verbunden mit den weniger gepflegten emotionalen Ressourcen, weshalb sie Beziehungen eher als problematisch und belastend denn als förderlich und stützend erleben?

Perfektionismus: Als schwierig, hinderlich bis schädlich im eigenen Leben haben mehrere Personen ihren Hang zum Perfektionismus bezeichnet: Zuviel machen, zuviel wollen, zu hohe Ideale, zu hohe Ansprüche an sich selbst, sich und andere damit überfordern, nichts stehenlassen können – das waren ihre Umschreibungen dafür. Für die befragten Frauen war der Perfektionismus überraschenderweise kein Thema, wohl aber für die Männer. Steht dahinter der familiäre Druck, der von den Männern weitgehend verinnerlicht worden ist? Oder werden an Männer tatsächlich gesellschaftlich höhere Ansprüche gestellt? Müssen sie sich stärker beweisen? Nach den subjektiven Aussagen scheinen solche Ansprüche nicht zu beflügeln oder Kräfte zu wecken; als blockierender Druck hemmen und behindern sie die Entwicklung.

Unsicherheit: Hier sehen ganz eindeutig viele Frauen ihre Entwicklungshemmnisse und nennen doppelt so häufig wie die Männer: geringes Selbstvertrauen, Scheu, Mühe mit Standpunkten und Abhängigkeit von der Beurteilung und Einschätzung anderer Menschen. Auch dies ist wieder ein klarer Hinweis darauf, daß Frauen ihre Entwicklung durch die Stärkung der Ich-Kräfte günstig beeinflussen und vorantreiben können.

Aggression: »Ich kann nicht warten; ich bin zu direkt, zu ungeduldig und zu intolerant; ich stoße andere damit vor den Kopf und überfordere sie mit meiner Offenheit und mit meinem Tempo; ich gehe ständig an Grenzen, das hält meine Umgebung nicht aus« – das sind weitere Aspekte, die als ungünstig und erschwerend erlebt werden, und zwar von Männern wie Frauen gleichermaßen.

Das Leben zu gestalten, Chancen zu ergreifen, nicht zu warten, sondern aktiv zu intervenieren, das ist eine wichtige Seite. Sie muß aber ergänzt werden durch den »langen Atem«. Leben kann nicht nur erzwungen werden, Leben muß und darf auch erdauert werden. Das »Werden« zuzulassen, der Entwicklung auch gelassen-abwartend und vertrauensvoll-hoffend Raum zu geben, das wäre der erforderliche Gegenpol zur Aggression in unserem Sinne hier.

Arbeitshaltung: Mehrere Aussagen von beiden Geschlechtern bezogen sich auf Aspekte des Arbeitsverhaltens. Als problematisch und ungünstig hinsichtlich Erfolg und Befriedigung wird erlebt, wenn jemand Mühe hat mit der Disziplin, sich als Arbeiter nach dem Lust-und-Laune-Prinzip beschreibt, hinsichtlich Ordnung und Arbeitsabläufen zu Chaos neigt, sich als faul oder bequem einstuft.

Verhaltensänderungen sind immer möglich, wenn auch in höherem Lebensalter nur mit größerem Einsatz. Die Ausbildung der Arbeitshaltung ist ein Entwicklungsziel von Vorschul- und Schulalter; sie gelingt je nach Temperament, Steuerungsfähigkeit und Steuerungsbereitschaft mehr oder weniger gut. Sie ist aber entwicklungsfähig auf allen Altersstufen.

Wenn wir ernsthaft gewillt sind, Entwicklungshindernisse anzugehen, reicht das jedoch nicht. Wir dürfen vor allem vor den großen Brocken auf dem Lebensweg nicht zurückschrecken. Das heißt für Frauen, an der weiblichen Unsicherheit zu arbeiten, und für Männer, sich mit den Normenkonflikten und den Anpassungsschwierigkeiten auseinanderzusetzen.

Leitsätze und Lebensziele

Welche Quintessenz ziehen Menschen aus ihrer Lebenserfahrung? Was ist ihnen so wichtig geworden, daß sie es tradiert haben möchten, z. B. in Form eines Mottos für jüngere Menschen?

Bei den Männern war der Fall klar. Für die überwiegende Anzahl von ihnen stand Autonomie an erster Stelle, z. B.: »Lebe dein eigenes Leben, sei du selber, übernimm die Verantwortung, nutze deine Sinne, lerne dich kennen.«

Bei den Frauen war das Spektrum breiter. Zwar hatte auch für sie das »Ich-selbst-Sein« erste Priorität. Aber nur sie brachten weitere Sichtweisen ein. Ihnen war nämlich auch Ermunterung und Trost wichtig, z. B. in Aussagen wie diesen: »Leben ist schwer, aber machbar; es wird dir helfen, wenn du eine gute Balance hältst; wenn zum Ich das Du kommt; wenn du deinen autonomen Weg suchst, dir aber auch Unterstützung holen kannst.« Prosoziales Verhalten und das Leben in sozialen Beziehungen scheinen Kerninhalte weiblicher Orientierungen darzustellen. Entsprechend gewichteten die befragten Frauen den Beziehungsaspekt auch stärker, als es um die Frage nach dem persönlichen Glück ging. »Ich fühle mich glücklich, wenn ich ich selbst sein kann; wenn zwischen meiner inneren Befindlichkeit und den äußeren Gegebenheiten ein Gleichgewicht besteht« – soweit waren sich beide Geschlechter einig. Damit gaben sich die Frauen aber nicht zufrieden: Sie streben den Drahtseilakt an, autonom und gleichzeitig in einer Beziehung aufgehoben zu sein. »Lieben und geliebt sein; unabhängig und doch nicht alleine sein; offen für alles und doch geschützt sein« – einfacher wird es damit nicht, und schon gar nicht im Zusammenleben mit Männern, die dem Beziehungsaspekt deutlich weniger Bedeutsamkeit zumessen.

Und wie lauten nun die expliziten Zielsetzungen für die Zukunft? Die genannten Entwicklungsziele kreisten um Begriffe wie Selbstsicherheit, innere Freiheit, Mut, Engagement, persönliche Substanz und Struktur. Für Frauen steht dabei an erster Stelle der Wunsch nach mehr Weisheit, Gelassenheit und Annahme der eigenen Person und Lebenssituation. Sich einzubetten in den Fluß des Lebens und Werdens: Leben als Leben zulassen, das waren eher weibliche Orientierungen. Männer dagegen setzen sich eher die bewußte Gestaltung und Formung ihres Lebenslaufs zum Ziel. Gehen Frauen damit an der zentralen Aufgabe der Lebensgestaltung, wie wir es von Charlotte Bühler gehört hatten, vorbei? Oder haben sie einen anderen, einen vertrauensvolleren, einen engeren Bezug zu einer Art Werden, das aus sich heraus schon seine Form zu finden vermag?

Warum und wozu – Die Frage nach dem Sinn

Was macht ein Leben sinnvoll? Dieser Frage ist Roy Baumeister in seiner Untersuchung über Lebensdeutungen von Menschen (1991) nachgegangen. Für ihn sind es vier Punkte, die sich einzeln oder in Kombination in den Sinngebungen von Menschen nachweisen lassen.

Ziele: Menschen brauchen Zielsetzungen. Ein zweckfreies, zielloses Dasein erscheint nur auf den ersten Blick und nur als Übergangszustand erstrebenswert. Kurzfristige Alltagsziele, mittelfristige Leistungsziele und langfristige Persönlichkeits- und Werteziele werden dabei in hierarchische Ordnungen gebracht, die dann Leit- und Orientierungsfunktion haben, somit sinngebend sind.

Kompetenz: Menschen brauchen das Gefühl, etwas in ihrem Leben bewirken zu können. Sich als stark, fähig und wirkungsvoll – selbstwirksam ist der Fachausdruck dafür – zu erleben, das macht glauben, daß man die Fäden der eigenen Existenz selbst zieht. Auch wenn es sich dabei häufig um Illusionen von Kontrolle handelt – die Überzeugung von der eigenen Kompetenz befördert die Selbstwirksamkeit. Sich als ohnmächtiger Spielball unbekannter und willkürlicher externer Mächte zu fühlen, das läßt die eigene Existenz als nur zufällig und damit zugleich als sinnlos erscheinen.

Selbstwert: Menschen, die auf ein positives Selbstwertgefühl bauen können, erleben ihre Existenz häufiger als sinnvoll. Selbstwert und Selbstwirksamkeit sind rückgekoppelt: Sich als kompetent und wirkungsvoll bestätigt zu sehen, steigert das Selbstwertgefühl; und aufgrund der gehobenen Ich-Einschätzung fällt es leichter, auf die eigene Kompetenz zu vertrauen.

Wertsystem: Menschen empfinden ihr Leben häufiger als sinnvoll, wenn sie auf ein System zurückgreifen können, das ihre Handlungen moralisch unterstützt, erklärt und rechtfertigt. Ein solches Wertsystem ist um so hilfreicher, je eher es ihm gelingt, auch gerade für negative Lebensereignisse Sinn zu erschließen und Annahme zu bewirken.

Wie haben sich nun unsere Referenzpersonen zu der Sinnfrage geäußert?

Zuerst einmal: Die Frage nach dem Sinn macht unruhig. Sonst mitteilsame und auch bei sehr persönlichen Problemen offene und gesprächsbereite Menschen reagierten darauf mehrheitlich verlegen.

»Das Leben ist da zum Leben« – dieser verblüffend einfachen und lapidaren Aussage vermochten sich nur wenige der befragten Menschen anzuschließen. Ja, eigentlich ist es so, leben und leben lassen; aber ist das vielleicht nicht doch etwas wenig? Einige wenige Antworten rekurrierten auf ein vorgegebenes Sinnsystem religiöser Prägung. Verantwortung gegenüber der Schöpfung, Verpflichtung gegenüber dem Geschenk des Lebens, ethisch-moralische Verhaltensrichtlinien wurden genannt. Eine Lebensführung, die damit übereinstimme, wurde als sinnvoll bezeichnet.

Der Aspekt der Kompetenz war hauptsächlich das Thema der befragten Männer – nach den bisherigen Ergebnissen nicht überraschend. Die Frage nach dem Sinn war für die Mehrzahl gleichbedeutend mit der Frage nach Zufall oder Bestimmung. Die eigene Existenz als ein beliebiges Produkt der Evolution zu sehen, das fällt schwer. Die Meinungen lauteten z. B.: »Nichts ist zufällig« und »ein Teil ist zufällig, der andere von mir abhängig«. Chancen und Eigenkompetenz wirken in diesen Auffassungen zusammen. »Es geschehen Dinge, man muß sie aber auch nutzen; ich fühle mich nicht ausgeliefert, ich habe Kompetenz, bin aber nicht allmächtig; ich bin der Architekt, ich gestalte mein Leben, aber es gestaltet mich auch.« In solchen Äußerungen haben besonders Männer ihre Selbstwirksamkeit definiert und daraus für sich selbst Daseinssinn und Bestimmung abgeleitet.

Ebenso häufig genannt und wiederum ein männliches Argument war: Der Sinn des Lebens besteht in der Leistung der Lebensaufgaben. Die »Forderungen des Alltags« von Goethe und die »Ziele« von Baumeister sind hier sinngebend. Es ist ein konkreter, ein operationalisierter Sinn, der sich da anzeigt: Ich tue dies, das und jenes, und das alles macht mein Leben sinnvoll. Es ist ein Sinn, der gleichzeitig auch den Weg vorgibt; ist er deshalb so beliebt und wird so häufig genannt?

»Leben ist da zum Leben.« – Eine spontane, nicht hinterfragte, am Hier und Jetzt orientierte Lebensdeutung steht hinter dieser Aussage. Ähnlich lautende Sentenzen meinten aber noch etwas mehr: »Das Leben annehmen; dem Leben geben, was ihm gebührt; es erdienen; ihm seinen Tribut zollen.« In solchen Äußerungen haben sich Frauen gefunden. Wie schon bei den Leitsätzen zeigt sich hier eine bewußtes Ja zum Prozeß des Werdens und Seins, ein Eingebettetsein in den Strom des Lebens, eine Zustimmung zum Prinzip der Entwicklung an sich, dem Wachsen, Werden und Vergehen. Während Männer stärker um die Gestaltung und Form zu ringen scheinen, gliedern sich Frauen ein und gehen darin auf. Ihnen ist deshalb auch der Austausch, das Geben und Nehmen in diesem Fluß des Lebens wichtig.

Was ist das Leben? Frau Q. hat ihre Deutung in ein Bild gefaßt: *»Es ist wie bei einem Kaleidoskop: Man schüttelt, und die Steine nehmen ihren Platz ein. Es wird, es fügt sich zum Ganzen, die Mosaiksteine finden ihren Ort, vielleicht anders, als ursprünglich gedacht. Es ist ein neues Bild, und doch das alte.«*

Literaturverzeichnis

Baltes, P.B. (Hrsg.): *Entwicklungspsychologie der Lebensspanne*. Klett-Verlag, Stuttgart 1979

Baumeister, R.: *Meanings of Life*. Guilford Press, New York 1991

Benesch, H.: *»Und wenn ich wüßte, daß morgen die Welt unterginge ...«* Beltz, Basel/Weinheim 1984

Blimlinger, E. u. a.: *Lebensgeschichten*. Biographiearbeit mit alten Menschen. Vincentz, Hannover 1994

Bocknek, G.: *The young adult*. Development after adolescence. Gardner Press, New York/London 1986

Brandstätter, J., Gräser, H.: *Entwicklungsberatung unter dem Aspekt der Lebensspanne*. Hogrefe, Göttingen 1985

Bühler, Ch.: *Der menschliche Lebenslauf als psychologisches Problem*. Hirzel, Leipzig 1933

Bühler, Ch.: *Zur Psychologie des menschlichen Lebenslaufs*. Psychologische Rundschau 8, 1957

Bühler, Ch.: *Wenn das Leben gelingen soll*. Droemer-Knaur, München/Zürich 1969

Erikson, E.H.: *Kindheit und Gesellschaft*. Klett-Cotta, Stuttgart 1968

Erikson, E.H.: *Der vollständige Lebenszyklus*. Suhrkamp, Frankfurt a. M. 1988

Faltermaier, T., Mayring, Ph., Saup, W., Strehmel, P.: *Entwicklungspsychologie des Erwachsenenalters*. Kohlhammer, Stuttgart/Berlin/Köln 1992

Gould, R.L.: *Lebensstufen*. Entwicklung und Veränderung im Erwachsenenalter. Fischer, Frankfurt a.M. 1979

Hardin, P.: *Vielleicht die besten Jahre überhaupt*. Lebenschancen ab 40. Integral, Wessobrunn 1995

Havighurst, R.J.: *Developmental tasks and education*. Longmans & Green, New York 1972

König, K.: *Kleine Entwicklungspsychologie des Erwachsenenalters*. Vandenhoeck & Ruprecht 1995

Kruse, A., Schmitz-Scherzer, R. (Hrsg.): *Psychologie der Lebensalter*. Steinkopff, Darmstadt 1995

Lersch, P.: *Aufbau der Person*. J.A. Barth, München 1951

Levinson, D.J.: *Das Leben des Mannes*. Werdenskrisen, Wendepunkte, Entwicklungschancen. Kiepenheuer & Witsch, Köln 1979

Lievegoed, B.: *Lebenskrisen – Lebenschancen*. Kösel, München 1979

Maslow, A.H.: *Motivation und Persönlichkeit*. Walter-Verlag, Olten 1977

Müller, K.E. (Hrsg.): *Menschenbilder früher Gesellschaften*. Campus, Frankfurt/New York 1983

O'Neil, G. und G.: *Der Lebenslauf*. Lesen in der eigenen Biographie. Freies Geistesleben, Stuttgart 1994
Oerter, R. (Hrsg.): *Entwicklung als lebenslanger Prozeß*. Hoffmann & Campe, Hamburg 1978
Oerter, R., Montada, L. (Hrsg.): *Entwicklungspsychologie*. Psychologie Verlagsunion, Weinheim 1987, 2. Aufl.
Peck, R.: *Psychologische Entwicklung in der zweiten Lebenshälfte*. In: Thomae, H. und Lehr, U. (Hrsg.). *Altern – Probleme und Tatsachen*. Akademische Verlagsgesellschaft, Frankfurt a.M. 1972
Robrecht, J.: *Konflikte im Lebenslauf*. Roderer Verlag, Regensburg 1995
Sheehy, G.: *In der Mitte des Lebens*. Kindler, München 1976, 6. Aufl.
Vaillant, G.E.: *Werdegänge*. Erkenntnisse der Lebenslaufforschung. Rowohlt, Reinbek 1980
Wais, M.: *Ich bin, was ich werden könnte*. Entwicklungschancen des Lebenslaufs. Edition Tertium, Ostfildern 1995
Whitbourne, S.K., Weinstock, C.S.: *Die mittlere Lebensspanne*: Entwicklungspsychologie des Erwachsenenalters. Urban & Schwarzenberg, München 1982
Whitbourne, S.K.: *Personality development in adulthood and old age*: Relationships among identity-style, health and well-being. Annual Review of Gerontology and Geriatry 7, 1987
Willi, J.: *Die Zweierbeziehung*. Rowohlt, Reinbek 1975
Willi, J.: *Was hält Paare zusammen?* Rowohlt, Reinbek 1991

Quellennachweis

Die folgenden Werke wurden mit freundlicher Genehmigung der genannten Verlage zitiert:

Hermann Hesse: »*Der Enttäuschte*« und »*Stufen*« In: *Gesammelte Werke, Bd. 1.* © Suhrkamp Verlag, Frankfurt am Main 1970

Rainer Maria Rilke: »*Ich lebe mein Leben in wachsenden Ringen.*« In: *Sämtliche Werke, Bd. 1.* ©Insel Verlag, Frankfurt am Main 1955

Alle in diesem Buch enthaltenen Angaben, Daten, Ergebnisse etc. wurden von der Autorin nach bestem Wissen erstellt und von ihr mit größtmöglicher Sorgfalt überprüft. Gleichwohl sind inhaltliche Fehler nicht vollständig auszuschließen. Daher erfolgen die Angaben etc. ohne jegliche Verpflichtung oder Garantie des Verlags oder der Autorin. Beide schließen deshalb jegliche Verantwortung und Haftung für etwaige inhaltliche Unrichtigkeiten aus, es sei denn im Falle grober Fahrlässigkeit.

Die Deutsche Bibliothek – CIP-Einheitsaufnahme
Zöllner, Ulrike:
Dem eigenen Leben Gestalt geben : wie man Lebensphasen erkennt und damit umgehen kann, um zu einem erfüllten Leben zu gelangen / Ulrike Zöllner. – Zürich : Kreuz, 1996
ISBN 3-268-00196-3

1 2 3 4 5 00 99 98 97 96

P.O.Box 245, CH-8034 Zürich
Umschlaggestaltung: Jürgen Reichert, Stuttgart
Umschlagfotos: Stark/Present und Menne/Present, Essen
Özdemir-Anthony Verlag, Starnberg
The Image Bank, München, Real Life
Satz: Buch-Werkstatt GmbH, Bad Aibling
Druck und Bindung: Clausen & Bosse, Leck
ISBN 3 268 00196 3

Grundfragen unseres Daseins

Kommen jenseits der 30 nur noch Abbau und Altern? Ganz im Gegenteil! Von der frühen Kindheit über die Pubertät und die Krise der Lebensmitte bis ins hohe Alter gibt es im Leben eines jeden entscheidende Entwicklungsstufen, die jeweils eine neue, veränderte Einstellung zu den Grundfragen unseres Daseins erfordern und ebenso neue Chancen eröffnen. Diese zehn Lebensphasen lehrt Tobias Brocher besser zu verstehen und dadurch besser zu bewältigen und mit Sinn zu erfüllen.

Tobias Brocher
Stufen des Lebens
200 Seiten, Paperback

KREUZ: Was Menschen bewegt.